카를 마르크스
삶을 집어삼키는 자본주의

오늘을 따뜻는 사색

Karl

카를 마르크스

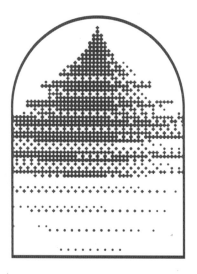

삶을
집어삼키는

자본
주의

Marx

시리아이 시토시 l 노경아 옮김

까치

IMA WO IKIRU SHISO : KARL MARX SEI WO NO-
MIKOMU SHIHONSHUGI 今を生きる思想 マルクス 生
を呑み込む資本主義

by Shirai Satoshi 白井聡

Copyright © Shirai Satoshi, 2023
All rights reserved.
Original Japanese edition published by KODANSHA LTD.
Korean publishing rights arranged with KODANSHA LTD. through
EntersKorea Co., Ltd.
이 책의 한국어판 저작권은 (주)엔터스코리아를 통해 저작권자와 독점
계약한 (주)까치글방에 있습니다. 저작권법에 의하여 한국 내에서 보호
를 받는 저작물이므로 무단전재와 무단복제를 금합니다.

옮긴이 노경아(盧鏡娥)

한국외대 일본어과를 졸업하고 10년 가까이 회사원으로 살다가 뒤늦
게 번역가의 꿈을 이루었다. 현재 번역 에이전시 엔터스코리아의 전문
번역가로 활동하고 있다. 주요 역서로는 『샤덴 프로이데』, 『이나모리 가
즈오의 인생을 바라보는 안목』, 『마르쿠스 가브리엘 VS』 등이 있다.

편집, 교정_ 권은희(權恩喜), 김미현(金美炫)

카를 마르크스 : 삶을 집어삼키는 자본주의
저자/시라이 사토시
역자/노경아
발행처/까치글방
발행인/박후영
주소/서울시 용산구 서빙고로 67, 파크타워 103동 1003호
전화/02 · 735 · 8998, 736 · 7768
팩시밀리/02 · 723 · 4591
홈페이지/www.kachibooks.co.kr
전자우편/kachibooks@gmail.com
등록번호/1-528
등록일/1977. 8. 5
초판 1쇄 발행일/2024. 9. 5

값/뒤표지에 쓰여 있음
ISBN 978-89-7291-851-6 04160, 978-89-7291-847-9 (세트)

차례

들어가는 글 **왜 지금 마르크스를 읽어야 할까** 7

제1장 **사상가 마르크스의 탄생** 13

제2장 『**자본론**』의 세계 59

제3장 **"포섭"의 개념, "포섭"의 현재** 129

나가는 글 159

더 읽어볼 만한 책 165

들어가는 글

왜 지금 마르크스를 읽어야 할까

사람들은 "자본주의의 위기"를 부르짖을 때마다 카를 마르크스(1818–1883)의 이름을 소환한다. 죽은 지 거의 150년이나 된 이 털보 사나이를 우리는 왜 여전히 불러내는 것일까?

먼저 여기서 말해둘 것이 있다. 마르크스의 이론이나 자본주의 사회에 관한 분석은 불황에 관한 분석도 아니고 공황(거대해진 불황)이 발생했을 때 "거봐라, 내가 뭐라고 했냐!"라며 쾌재를 부르기 위한 이론도 아니다.

마르크스는 자신의 이론을 통해서 어떤 의미에서 불황이나 공황의 필연성보다 더 무서운 진실을 밝혔다.

그 진실이란 "불황이 일상이 되고 빈부의 격차가 끝없이 커지고 공황이 사회를 덮쳐 일자리에서 쫓겨난 사람이 길거리에 넘치더라도, 혹은 자본의 증식 욕구 때문에 전쟁이 발발하여 죄 없는 사람들이 피를 흘리고 죽게 되더라도, 혹은 기업 활동이 공해를 일으켜 지구 환경이 망가지고 생태계 자체의 존속이 위협받게 되더라도 여전히 자본주의는 끝나지 않는다"라는 것이다.

불합리하며 부조리하다는 것은 모두 알지만, 자본주의는 끝낼 수 없고 끝나지도 않는다. 오히려 자본주의는 앞으로도 수많은 위기를 초래하고 그 위기를 심화할 수밖에 없다. 이것이 마르크스가 『자본론*Das Kapital*』에서 밝힌 진실이다.

따라서 사실 "자본주의의 위기"라는 표현은 적절하지 않다. 마르크스에 따르면 자본주의 사회는 처음부터 위기였거나 혹은 위기를 내포하고 있었기 때문이다. 더 정확히 말해자면 자본주의는 위기를 끊임없이 불러들여 심화한다. 요즘 한창 화제가 되는 "지속 가능성sustainability"이라는 말은 이 위기가 극도로 심각해져서 문명의 지속 가능성과 충돌하는 사태가 일어날 수 있음을 시사한다. 근대 문명사회를 구축한 자본주의 메커니즘이 문명을 끝장낼 수도 있다는 것이다. 이런 메커니즘을 최초로 간파하고 철저히 해명한 사람이 마르크스였다.

이 책은 마르크스 사상을 해설한 책이지만, 진짜 목적은 그 사상의 핵심을 추출하는 것이다. 지금까지 살펴본 대로 마르크스는 자본주의의 본질적 요점을 "무한히 심화하는 경향"으로 파악한 듯하다. 그러나 근대 인류는 그 "심화"를 "진화"로 보고 기뻐했다.

그러나 이제는 이런 가치관이 통용되지 않는다. 기후 변동을 비롯한 전 세계적 환경 위기가 인류 생존의 자연적 기반을 파괴하는 한편, 저렴한 노동력을 요구하는 자본과 풍요로운 생활을 추구하는 인간들의 인구 이동(이민)이 초래한 대립이 생존에 필수적인 사회적 기반을 파괴하고 있다. 이 문제를 둘러싸고 주로 유럽과 아메리카에서 사회 불안과 분열이 일어나고 있는데, 그 정도가 너무 심각한 나머지 "다양성을 받아들이자",

"다양한 가치관을 인정하자"라는 도덕적 구호나 상호 이해의 실천으로는 도저히 극복할 수 없어 보인다.

이에 따라 전 세계 지식인이 마르크스의 사상을 통해서 이 문제를 분석하려고 애쓰고 있다. 그러나 이 책에서는 자본주의가 초래한 이런 위기가 어떤 과정을 거쳐 "사회 문제화"되는지를 마르크스의 이론을 통해 이해해보려고 한다. "사회"로 눈을 돌려 "자본주의의 문제"를 찾기 전에, "사실은 우리 자신이 이미 자본주의에 깊이 얽매여 있고 자본주의의 논리가 우리의 심신에 깊이 침투해 있지 않은가"부터 생각해보자.

앞에서 자본주의는 심화한다고 말했다. 시각적으로 설명하면 자본주의는 자기 외부의 요소를 내부로 하나씩 하나씩 집어삼키는 하나의 체제라고 할 수 있다. 이 "외부의 요소"는 천연자원 또는 더 일반적인 자연환경이기도 하고 인간이 살기 위해서 맺는 사회적 관계이기도 하다.

게다가 자본은 단순히 삼키기만 하는 것이 아니라 삼킨 대상을 자본 특유의 운동, 즉 "가치 증식"에 도움이 되는 형태로 변화시킨다. 자본주의 논리가 침투하여 대상을 변화시키는 것이다. 자본주의의 "심화"란 단적으로 이 과정을 가리킨다. 게다가 그 변화, 즉 심화가 어디까지 이어질지는 아무도 모른다. 자본주의의 논리 안에서는 그 심화에 한도가 없다.

우리 각각의 인간도 자본주의 체제가 집어삼키는 대상이다. 우리는 "자본주의적 경제 발전이 지구 환경을 파괴한다"라는 말을 들으면 "그건 큰 문제"라고 말한다. 혹은 "자본주의적 경제 발전이 도시 과밀화와 지방 소멸을 가속한다"라는 말을 들어도 "그건 큰 문제"라고 말한다. 한편 그런 "문제들"이 우리를 직접적으로 위협하지 않는 한 우리는 전혀 관심을 기울이지 않는다. 그러나 자본주의가 우리 각자를 삼켜 파괴적인 영향을 미쳤고 그 결과 우리 몸과 마음이 이미 변화하여 자본주의 체제에 적응해버렸다면? 그래도 무관심할 수 있을까?

이 책은 이런 문제의식에 기반하여 자본주의가 우리 각자에게 어떻게 침투하는지 알아보려고 한다. 바꿔 말해서 우리가 "내 것"이라고 믿어 의심치 않는 의식과 감성, 감각, 가치관, 사고 속에 자본주의 논리가 어떻게 침투하는지, 혹은 더 나아가 자본주의가 그것들을 어떻게 형성하는지, 우리 각자의 내면에서 자본주의가 어떻게 심화하는지를 마르크스의 이론으로 검증하면서 마르크스 이론의 핵심을 이해하도록 도울 것이다.

제1장

사상가 마르크스의 탄생

헤겔 좌파의 일원으로서

이번 장에서는 마르크스의 사상 형성 과정과 업적을 간단히 소개하겠다. 수많은 문헌은 물론이고 위키피디아에도 그의 생애가 자세히 기술되어 있으니 여기에서는 그의 사상이 어떻게 형성되었는지만 간략하게 언급하겠다.

마르크스는 1818년 프로이센 왕국(오늘날의 독일)의 트리어에서 태어났다. 대대로 랍비(유대교 성직자)를 배출한 유대인 집안이었으나 자유주의 사상으로부터 영향을 받은 부친 하인리히Heinrich Marx는 개신교로 개종한 변호사였다. 즉 마르크스가 자란 환경은 자유롭고 진보적인 중산층에 가까웠던 셈이다.

청년이 된 마르크스는 처음에 본 대학교와 베를린 대학교에서 법학을 배우지만 관심 분야가 문학과 철학으로 차례차례 바뀌었다. 그래서 「데모크리토스와 에피쿠로스의 자연 철학의 차이*Über die Differenz der domokritischen und epikureishen Naturphilosophie*」라는, 고대 그리스 철학에 관한 논문으로 박사 학위를 취득했다.

이때 마르크스는 이미 "헤겔 좌파" 혹은 "청년 헤겔파"라고 불리던 사상적 조류의 일원이었다. 헤겔 좌파란 근대 서양 철학에서 핵심적인 인물로 꼽히는 게오르크 빌헬름 프리드리히 헤겔Georg Wilhelm Friedrich Hegel(1770-1831)이 사망한 후에 그의 영향하에 활동한 젊은 사상가들을 일컫는 말이다.

헤겔 철학은 변증법에 기초하여 인간의 이성과 자유가 발전할 수밖에 없다고 주장하는 사상으로 일반에 알려져 있있다. 그러나 이 사상을 현실에 적용하려고

하면 현저한 입장 차가 드러났다.

헤겔은 "이성적인 것은 현실적이고 현실적인 것은 이성적이다"(『법철학 *Grundlinien der Philosophie des Rechts*』)라는 유명한 말을 남겼다. "이성적인 것만이 인간의 역사를 통해서 구체적인 현실이 된다"라는 헤겔의 철학적 확신이 단적으로 드러난 말이다.

이 견해에 따르면, 인간의 이성과 자유의 개화를 위한 결정적 계기로 젊은 헤겔을 감격하게 만든 프랑스 혁명 같은 사건이야말로 "이성적인 것이 현실이 된" 사례로 해석될 수 있다. 이 견해를 관철하면 정치적으로는 급진주의에 도달한다. "이성적인 것"만이 "현실적이다"라고 생각하면 지금의 "이성적이지 않은 것", "불합리한 것"은 "현실적이지 않은 것"으로 해석되어 즉시 파괴해야 할 대상이 되기 때문이다.

그러나 헤겔은 만년에 베를린 대학교의 총장으로 취임하는 등 프로이센 왕국의 명예로운 철학자 반열에 올랐다. 당시 프로이센은 독일을 통일한 주요 대국으로 발돋움하면서 자유주의와 반동주의가 각축을 벌였지만 입헌주의적 개혁은 지지부진한 상태였다. 그런 와중에도 헤겔은 자유주의적 개혁이 필요하다는 신념을 관철했지만, 자유주의 이념을 실현하는 방법에 관해서는 과격주의와 급진주의를 경계하는 자세를 유지했으므로 보기에 따라서는 국가권력에 영합하여 보수화되었다고 여겨지기 쉬웠다.

이런 문맥을 염두에 두면 "이성적인 것은 현실적이고 현실적인 것은 이성적이다"라는 경구의 후반부, "현실적인 것은 이성적이다"라는 부분이 현상 긍정주의적으로 들리기도 한다. 즉 "지금 존재하는 모든 것은 어떤 의미에서 이성적이므로 무턱대고 부정할 수 없다"라고 해석할 수도 있다. 이 해석을 당시 현실에 적용하면 "반동주의적 국가체제나 봉건적 인습 등도 지금 존재하는 한 일정한 합리성이 있으므로 부정할 수 없다"라는 결론이 나온다.

"이 세계는 한 걸음씩 자유와 이성의 실현을 향해 변증법적으로 발전하고 있다"라는 헤겔의 세계관은 이처럼 양면적이어서 급진주의적 해석과 보수적 해석을 동시에 낳았다. "이성적인 것은 현실적이고 현실적인 것은 이성적이다"라는 말의 전반부에 무게를 두면 혁명적 헤겔이 보이고, 후반부에 무게를 두면 현상 긍정적인 헤겔이 보이는 것이다. 이 양면성은 헤겔이 1831년에 콜레라에 걸려 급사한 후에 그의 제자들을 두 학파로 갈라놓았다. 그중 헤겔 좌파, 청년 헤겔파라고 불린 사상가들은 헤겔의 사상에서 "더 많은 혁명을" 추구한 사람들이었다.

인간이 생산물에 지배당한다
| 포이어바흐의 "소외론"의 영향

사상가 마르크스의 삶은 청년 헤겔파의 일원이 되는 순간 시작되었다고 말할 수 있다. 마르크스에게 특히 강한 영향을 끼친 사상가는 루트비히 포이어바흐Ludwig Andreas Feuerbach였다. 포이어바흐는 헤겔이 소개한 "소외"의 개념을 기독교 비판에 응용하여 『기독교의 본질

Das Wesen des Christentums』을 저술했다.

"소외"란 어떤 것에서 생겨난 무엇인가가 원래의 것으로부터 떨어져서 대립하는 현상을 가리킨다. 포이어바흐의 말에 따르면 신의 속성으로 여겨지는 "진, 선, 미, 완전성" 등은 본래 인간의 이상이었지만, 종교가 이것들을 신의 전유물로 만들어 인간의 손이 닿지 않는 곳에 두었다. 따라서 신이 위대하게 여겨지면 여겨질수록 인간은 왜소해진다. 심지어 종교 조직은 이런 이상들을 사람의 손이 닿지 않는 곳에 둔 후, 그것들로부터의 상대적 거리에 따라서 인간을 서열화했다. 성직자처럼 신에게 상대적으로 가까운 자는 귀하고, 보잘것없는 서민은 상대적으로 멀어서 천하다는 식이다. 혹은 교회에 기부를 많이 하는 부자는 귀하고 그러지 못하는 빈민은 천하다고 말하기도 했다. 이런 식으로 본래 인간에게서 생겨난 이상들이 권력, 부의 서열과 계층, 인간에 대한 인간의 지배를 정당화하는 도구가 되었고 신마저 인간에게서 소외되었다.

포이어바흐는 이런 논리에 따라, 기독교의 이상을 인

류를 이끄는 길잡이로 높이 평가하면서도 기독교 교회를 격렬하게 비판했다. 당시 이렇게 주장하려면 엄청난 용기가 필요했을 것이다. 포이어바흐를 비롯한 헤겔 좌파의 사상가들도 헤겔이 만든 개념을 응용하여 기성 권위와 기존 권력을 격렬하게 비판했다.

포이어바흐가 마르크스에게 미친 영향이 가장 짙게 드러나는 주요 저서가 바로 『경제학, 철학 수고*Ökonomisch-philosophische Manuskripte aus dem Jahre 1844*』(1844년 집필)이다. 학위를 취득한 후에 마르크스는 「라인 신문*Rheinische Zeitung*」의 편집자로서 일하기 시작했는데, 비판적인 논조에 대한 당국의 검열이 점점 심해지고 언론 탄압 사건이 여러 번 일어나자 1843년에 파리로 이주하여 새로운 잡지를 출간하려고 했다.

마르크스가 평생 친구인 프리드리히 엥겔스*Friedrich Engels*를 만난 것도 이 무렵의 일이었다. 엥겔스는 마르크스보다 두 살 아래로, 바르멘(현재 독일 부퍼탈 시의 일부)에 있는 방적 공장 주인의 아들이었다. 그는 본가의 가업에 종사하면서도 고전파 경제학에 관한 관심을 키

워 영국에 머무르기도 했고, 『영국 노동계급의 상황*Die Lage der arbeitenden Klasse in England*』 등을 저술하기도 했다. 엥겔스의 저술을 높이 평가한 마르크스도 경제학에 관심을 기울이게 되었는데, 그 성과로 출간된 책이 『경제학, 철학 수고』이다.

『경제학, 철학 수고』에서 마르크스는 포이어바흐가 제시한 "소외"의 개념을 차용해 자본주의화해가는 경제를 논하고, 자본주의 사회의 노동을 분석했다. 그 분석에 따르면 본래 인간은 노동으로 자신의 생활에 필요한 것을 생산했으므로 노동을 인간의 생활을 풍요롭게 만드는 수단으로 활용했지만, 자본주의 사회에서는 노동력도 상품이 되고 노동 과정과 그 생산물은 이윤 추구의 도구가 되었으므로 자기 노동의 주인 자리에서 밀려났다. 또한 자본주의적 분업이 실현되고 생산 과정이 기계화되면 노동자는 단편적이고 단조롭고 고통스러운 작업을 계속하게 된다. 게다가 자본주의 사회 전체를 조감해보면, 자본은 본질적으로 상품인 동시에 노동자의 노동의 산물이기도 하므로 사회가 자본주의화될수록 노동자는 자신이 생산한 것에 깊이 지배당하게 된다. 마르크스는 이 현상을 "소외"로 이해했다.

여기에는 나중에 『자본론』으로 이어질 중요한 내용이 담겨 있다. 자본주의적 생산 양식이 사회에서 확대되면 사회의 생산력이 높아져 노동 생산물이 늘어나고 사회는 풍족해진다. 애덤 스미스Adam Smith로부터 시작된 영국의 고전파 경제학은 자본주의가 발전하면서 봉건제가 제약하고 속박했던 인간의 사회적 관계, 생산 관계가 자유로워지고 사회의 생산력이 커지는 것을 환영했다. 하지만 마르크스는 그 어두운 면에 주목했다.

자본주의가 발전하면 빈부 격차가 커진다. 요즘 "격차 사회"라는 말을 종종 듣게 되는 것도 이 때문이다. 그러나 중요한 사실은 그뿐만이 아니다. 마르크스는 소외의 개념을 통해서 노동의 방식, 노동의 지휘나 명령, 노동의 의미 등 인간의 노동 전반이 자본주의 내에서 전면적으로 변화한 결과, 인간이 생산물에 지배당하게 되었다는 사실을 강조했다.

이 관점이 매우 중요하다. "자본주의 발전에 따른 생

산력 향상으로 인류가 대체로 물질적 풍족을 얻었으니 그것으로 충분하다"라는 근대인의 생각을 근본적으로 비판했기 때문이다. 스스로 풍족해지기 위해 일하면서 무엇인가를 만들어냈지만, 도리어 만들어낸 것에 지배 당하는 역설적 현상을 자본주의 사회가 초래했다는 것이다. 마르크스는 이 현상을 "소외"라고 부르며, 물질적 생활이 충분히 풍족해져도 우리는 소외에서 벗어날 수 없다고 역설했다.

"인간의 본질은
사회적 관계의 총체이다"

| 포이어바흐 비판

이처럼 포이어바흐에게 푹 빠졌던 마르크스이지만 머지않아 포이어바흐, 나아가 헤겔 좌파 일반의 견해에 대한 비판적 관점을 확립한다. 그 관점이 잘 드러난 책이 엥겔스와 함께 쓴 『포이어바흐에 관한 테제*Thesen über*

Feuerbach』(1845)와 『독일 이데올로기*Die deutsche Ideologie*』 (1845-1846)이다. 이 두 저서에는 그 외에도, 종래의 사상의 영향에서 벗어나 후세에 "사적 유물론"이라고 불리게 될 독자적 세계관, 사상적 입장을 창출하기 위해서 분투했던 마르크스의 흔적이 새겨져 있다.

마르크스-엥겔스가 전개한 포이어바흐 비판의 요점은 무엇일까? 분명 포이어바흐는 신의 본질을 "인간이 만든 이상의 소외 형태"로 이해함으로써 신을 지상으로 끌어내리고 인간 중심주의를 선언했다. 그러나 "인간"의 개념이 추상적이었던 탓에 이때의 인간 중심주의는 인간을 신전에 들여놓은 수준에 불과했다. 한편 경제학을 연구했던 마르크스는 인간의 본질을 고정된 추상으로 이해하기보다는 현실의 사회적 관계 내에서의 구체적인 위상으로 이해해야 한다는 생각에 도달했다.

마르크스는 그 생각을 다음과 같은 유명한 문구로 표명했다.

포이어바흐는 종교의 본질을 인간의 본질로 해소한다. 그

러나 인간의 본질이란 개개인의 내부에 깃든 추상물이 아
니다. 현실적인 인간의 본질은 사회적 관계의 총체이다.
(『포이어바흐에 관한 테제』제6테제)

이에 따라 "사회적 관계"를 연구해야 하는 것인데,
"사회적 관계" 중에서도 가장 중요한 것이 바로 인간의
생활을 성립시키는 경제 관계였다.

"이데올로기"에 관한
혁신적 견해

바로 앞에서 말한 생각이 사적史的 유물론의 기점이자,
『자본론』을 관통하는 이론적 지주가 된다. 하지만 그 이
야기는 나중에 자세히 하기로 하고, 마르크스–엥겔스
가 이때 도출한 헤겔 좌파에 대한 비판적 관점부터 짚
어보자. 마르크스–엥겔스는 막스 슈티르너Max Stirner,
브루노 바우어Bruno Bauer 등 헤겔 좌파 사상가들의 잘못

된 점을 지적했는데, 자신들도 헤겔 좌파였으므로 그들에 대한 비판은 자기비판이기도 했다.

이 무렵에는 정치 압력이 심해져 마르크스-엥겔스를 포함한 많은 독일 사회주의자들이 망명지인 파리에조차 머물 수 없게 되어 벨기에의 브뤼셀로 이동했다. 이때 마르크스-엥겔스의 눈에는 헤겔 좌파 사상이 급진적으로 변하는 모습이 독일 정치, 경제의 후진성이 초래한 결과로 보였다. 즉 관념만이 급진적으로 발달한 끝에 관념적 투쟁이 현실적 투쟁을 대신하게 되었는데, 두 사람은 자신들이 현실적 투쟁이 불가능할 정도로 무력했던 탓에 관념만 발달한 것이라고 생각했다.

마르크스-엥겔스는 이처럼 현실의 후진성을 흐지부지 무마하고 자신을 위안하는 수단으로 전락해버린 기존 사상을 "독일적 관념", 즉 "독일 이데올로기"라고 부르며 전적으로 부정했다. 더 나아가 마르크스는 프로이센이 앞장서서 "세계정신Weltgeist"을 실현해야 한다고 주장한 헤겔의 철학이야말로 최악의 "독일 이데올로기"라고 말했으며, 나중에 『자본론』에서 "거꾸로 된 헤겔의 변증법을 바로 세우겠다"라고 선언하기도 했다.

참고로 원래 인간의 관념에 관한 연구를 의미했던 "이데올로기"라는 말은 『독일 이데올로기』를 계기로 의미가 완전히 바뀌어, 정치나 사회에 관한 설명을 분석하는 데에 불가결한 개념이 되었다.

"이데올로기"라는 말은 의미가 매우 다양해서 세계적으로 합의된 하나의 정의를 도출하기가 여전히 어렵다. 그러나 정의와 상관없이 이때 마르크스-엥겔스가 이 말로 드러내려고 한 통찰에 결정적인 의의가 있다는 점에는 모두가 동의할 것이다.

그 통찰의 핵심에는 "인간의 정신적 활동의 산물인 관념, 혹은 그 활동 자체는 물질적인 요소에 둘러싸여 있다"라는 주장이 있다. 우리는 자신이 자유롭게 사고하고 자유롭게 발언한다고 생각하면서 실제로는 자신도 모르게 자신이 속한 특정 사회 집단의 이해를 대변하거나, 자신이 처한 특정한 역사적 문맥이 강요한 견해와 통제를 그대로 받아들일 때가 많다. 요컨대 우리의 정신적 활동은 결코 자유롭지 못하다. 심지어 이런

피被구속성을 초월한 것처럼 착각하게 만드는 사상이야말로 비판받아야 할 "이데올로기"의 전형이다. 따라서 마르크스의 유물론은 피구속성에 대한 자각에서 출발하여 그 구속의 원인을 분석하는 사상이라고 정의할 수 있다.

"이데올로기"에 관한 마르크스-엥겔스의 혁신적 견해가 포이어바흐에 대한 비판과 본질적으로 같다는 사실을 이제 모두 이해했을 것이다. 마르크스-엥겔스는 지금까지 이야기한 논리에 따라서 관념적 자유에 대한 믿음을 비판하고 관념을 초월하는 "실천"의 의의를 역설했다.

그러나 혁명은 인간의 머릿속에서 일어나봤자 아무 의미가 없으니 현실 세계에서 일어나야 한다. 그렇다면 어떤 관념이 혁명을 일으킬 수 있을까? 관념만이 혁명을 일으킬 수 있다고 하면, 관념적 급진주의를 대신할 다른 관념이 필요할 것이다. 이 질문에 대한 답이 1848년에 마르크스-엥겔스가 함께 쓴 『공산당 선언*Manifest der Kommunistischen Partei*』이다.

사회는 자기 내부의 모순으로 변화한다
|『공산당 선언』

본래 이 책은 공산주의 혁명을 지향하기 위해서 1847년에 결성된 비밀 조직인 "공산주의자 동맹"의 강령으로 작성되었다. 마르크스는 프랑스의 피에르 조제프 프루동Pierre Joseph Proudhon, 독일 출신의 빌헬름 바이틀링Wilhelm Weitling 등 다른 사회주의자들과 파벌 항쟁을 벌이면서 이 조직에 가입했다.

『공산당 선언』은 "어떤 유령이 유럽을 떠돌고 있다. 공산주의라는 유령이다. 낡은 유럽의 모든 세력이 이 유령을 퇴치하려고 신성한 동맹을 맺는다. 교황과 차르, 메테르니히와 기조, 프랑스 급진파와 독일 비밀경찰까지"라는 유명한 문장으로 시작되어 "만국의 프롤레타리아여, 단결하라!"라는 더 유명한 문장으로 끝나는 소책자이다. 이 책에 담긴 공산주의 사회에 관한 전망, 그것을 뒷받침하는 역사관은 후대에 미칠 영향이라는 관점에서도 매우 중요하다.

　이 역사관은 헤겔의 변증법을 유물론적으로 응용한 것이었다. 마르크스는 "이전의 모든 사회의 역사는 계급 투쟁의 역사이다"라고 선언한 다음, 부르주아 계급(자본가 계급)이 지배하는 자본주의 사회의 혁명성을 강조했다. 왜냐하면 이 자본주의 사회가 종래의 봉건적, 가부장적 사회적 관계를 파괴해왔으며 앞으로도 파괴할 것이기 때문이다. 아주 단순하게 말해 자본주의 이전의 전근대 사회는 매년 같은 일이 반복되는 사회였고, 인간 역시 선조와 똑같은 삶을 살도록 장려하는(종종 강제하는) 보수적, 현상 유지적 사회였지만, 근대 이후의 자본주의 사회는 항상 변화하는 사회이다. 그래서 이전의 사회적 관계가 끊임없이 파괴되고 갱신되는 것처럼 보인다.

　이런 메커니즘이 왜 필연적인지는 『자본론』의 논리를 설명하면서 밝히기로 하고, 여기에서 일러둘 점은 따로 있다. 마르크스가 자본주의의 이런 파괴성에서 헤겔이 구상한 "이성과 자유가 실현되는 장으로서의 역사",

즉 역사의 변증법적 동태성의 원동력을 발견했다는 것
이다. 자본주의 사회의 주역인 부르주아 계급이 세계를
변화시키고 있다고 말한 후에 마르크스는 다음과 같이
덧붙였다.

그러나 우리는 부르주아 계급 성장의 토대인 생산 수단과
교통 수단이 봉건 사회에서 만들어졌다는 사실을 알게 되
었다. 이 생산 수단과 교통 수단이 일정 단계까지 발전하
자 봉건 사회에서 생산과 교환을 실현했던 상호 관계, 농
업과 공장 수공업의 봉건적 체제, 한마디로 말해 봉건적
소유 관계는 그때까지 발전한 생산력에 더는 적합하지 않
게 되었다. 그래서 이것이 생산을 촉진하기는커녕 생산을
저해하는 족쇄로 변했다. 낡은 체제는 파괴되어야 했고
실제로도 파괴되었다.

봉건적 소유 관계를 대신하여 자유 경쟁이 등장했다.
이에 따라서 자유 경쟁에 적합한 사회 제도, 정치 제도가
등장했고 부르주아 계급의 경제 지배, 정치 지배가 시작되
었다. (『공산당 선언』)

마르크스는 헤겔이 그려낸 "정신의 자기 운동" 따위가 역사를 움직이지는 않는다고 믿었다. 그러나 동시에 헤겔의 변증법적 역사관이 중요한 견해를 포함했다고 생각했다. 그것은 바로 사회가 외부의 힘으로 변화하지 않고 자기 내부의 모순으로 변화한다는 견해였다. 앞의 인용에 따르면 봉건 사회 내부에서 발전한 생산력(생산 수단과 교통 수단)이 봉건 사회의 사회적 관계(생산 관계)와 모순되었고, 그 결과 사회적 관계가 파괴되었으며, 그 토대 위에서 봉건 사회는 근대 자본주의 사회로 이행했다. 이 "파괴"의 가장 극단적인 형태가 프랑스 혁명을 비롯한 시민(부르주아) 혁명이었다.

그러나 사회의 변화, 전환 운동은 여기에서 멈추지 않았다. 마르크스는 이어서 이렇게 썼다.

우리의 눈앞에서 그 똑같은 움직임이 진행되고 있다. 부르주아적 생산 및 교통 관계, 부르주아적 소유 관계 등 거대한 생산 수단과 교통 수단을 마법처럼 불러낸 근대 부르주아 사회는 자신이 지하에서 불러낸 악마를 더 써먹지 못하게 된 마법사와 비슷하다. 최근 수십 년 동안의 공업과 상업의 역사는 근대적 생산 관계, 그리고 부르주아 계급과 그 지배의 생존 조건인 소유 관계에 근대적 생산력이 반역을 저지른 역사이다. 그 예로는 모두가 아는 상업 공황이 있다. (앞의 책)

마르크스는 여기에서, 봉건 사회의 내적 모순에서 근대 자본주의 사회가 탄생했듯이 자본주의 사회도 그 내적 모순에 힘입어 다음 단계의 사회로 변화한다고 말한다. 자본주의 사회는 생산력을 끊임없이 높여야 할 운명에 처해 있다. 그러므로 생산력과 생산 관계의 모순은 봉건 사회가 자본주의 사회로 바뀌었을 때, 다시 말해 전근대 사회가 근대 사회로 바뀌었을 때보다 훨씬 급속하게 심각해질 것이다. 이미 가까이 다가온 "다음 단계의 사회"는 사회주의 사회, 나아가 사회주의 사회가 더 고차원으로 발전한 공산주의 사회이다. 자본주의가 발전하고 그 내적 모순이 심화될수록 이 변화는 빨라질 것이다.

사회주의 사상과
운동의 시대

역사에 관한 이런 견해를 살펴보면 당대 사회주의자들의 이데올로기와 역사관, 그리고 그것들과 밀접하면서도 불가분의 관계인 정치 방침과 실천적 전술 등 의견이 갈리는 문제들에 대해 마르크스가 어떤 자세를 취하려고 했는지 알 수 있다.

마르크스가 살았던 당시 유럽에서는 봉건제 사회가 붕괴하고 자본주의가 급속하게 발전하는 동시에 사회주의 사상과 운동이 활발히 전개되고 있었다. 프랑스에서는 샤를 푸리에Charles Fourier(1772-1837)와 루이 오귀스트 블랑키Louis Auguste Blanqui(1805-1881), 피에르 조제프 프루동(1809-1865)이, 영국에서는 로버트 오언Robert Owen(1771-1858)이, 러시아에서는 알렉산드르 게르첸Aleksandr Gertsen(1812-1870)과 미하일 바쿠닌Mikhail Bakunin(1814-1876) 등 이름이 널리 알려진 아나키스트와 사회주의자와 공산주의자들이 활약했다. 독일 사회민주당의 원형이 될 조직을 창설했지만 마르크스와는 사이가 좋지 않았던 페르디난트 라살레Ferdinand Lassalle(1825-1864) 역시 마르크스보다 일곱 살 연하의 동시대인이었다.

이들은 공통적으로 자본주의의 발전이 초래한 문제를 강하게 의식했지만, 그 문제에 어떻게 저항하고 어떻게 극복하느냐에 대해서는 견해가 다양했다. 가령 공장주였던 오언은 노동자의 처우를 개선하면 생산물의 품질이 향상되고 생산성이 높아지는 동시에 자본가의 이익도 커진다고 생각하고 그 생각을 실천에 옮겼다. 다른 한편 노동자의 단결을 촉진하고 노동조합으로 정부에 압력을 행사하여 자본주의 발전을 늦추거나 발전 방향성을 변화시켜 더 공정한 사회를 실현해야 한다는 개량주의적 사고방식도 있었다.

역사 발전의 바람직한 방향성이나 경로에 관한 견해도 다양했다. 예를 들면 전제 정치와 농노제가 지배하는 러시아에서 선진국 프랑스로 망명한 게르첸은 부르주아 계급에 점령당한 서구 사회에까지 환멸을 느끼고

"모국 러시아는 부르주아적 발전의 단계를 뛰어넘어 농촌의 상호 부조를 기반으로 한 사회주의에 도달해야 한다"라는 인민주의nardonism(나로드니키주의) 사상을 역설했다.

그러나 『공산당 선언』에 드러난 마르크스의 견해는 이런 사회 개량주의나 사회 발전론과는 전혀 달랐다. 역사와 자본주의 체제를 보는 관점이 근본적으로 달랐기 때문이다. 마르크스는 인위적인 수단으로 자본주의 발전의 방향을 바꾸거나 단계를 건너뛰게 할 수 있다는 생각을 명확히 부정했다. 그리고 자본주의는 자신의 내적 모순으로만 무너진다고 단언했다.

이 견해는 어떤 의미에서 인간의 역할을 부정하는 것처럼 들린다. 인간이 아무리 애를 써도 자본주의가 세계 전체를 뒤덮는 것을 멈출 수 없다는 뜻이기 때문이다. 이후 역사도 이 견해를 증명하는 듯 흘러갔다. 세계화가 그 대표적인 사태였다.

그러나 더 중요한 것은 자본주의에 대한 마르크스의 견해가 어떤 사회주의자보다 엄격했다는 사실이다. 마

르크스에 따르면 자본주의 체제는 인위적인 노력으로
는 근본적인 개량이 불가능한 체제이며, 자신의 논리에
따라 사회를, 더 나아가 지구를 통째로 집어삼킬 수밖
에 없는 체제이다. 요컨대 자본주의는 인간 사회가 만
들어냈음에도 불구하고 인간의 의사를 초월하여 작용
하는 체제이다. 따라서 자본주의를 무너뜨리는 것은 인
위적인 개량이나 개선이 아니라 인위를 초월하여 도래
하는 혁명일 수밖에 없다. 이런 인식이 이후 『자본론』의
출발점이 되어 이 책에 유례를 찾을 수 없는 통찰력을
부여했다.

노동자는
자본주의의 무덤을 파는 사람

그러나 『공산당 선언』은 자본주의의 발전 논리가 관철
되는 것을 지켜보며 인간의 무력함을 확인하기만 한 것
이 아니다. 마르크스는 이 책에서 자본주의의 내적 모

순만이 자본주의를 파괴할 수 있다고 말하면서, 노동자 계급(프롤레타리아)이 그 모순을 현실화한다고 지적했다. 그래서 이 책이 "만국의 프롤레타리아여, 단결하라!"라는 유명한 구호로 끝나는 것이다.

그렇다면 프롤레타리아는 누구일까? 마르크스 시대의 프롤레타리아는 생산 수단을 빼앗긴 사람, 다시 말해 밥줄이 끊겨져 농촌에서 도시로 흘러온 사람, 가까스로 입에 풀칠할 만큼의 임금을 받는 일용직 노동자였다. 20세기 이후 선진국의 노동자 계급은 중산층이 되었다가, 신자유주의화가 진행된 이후에 다시 원래의 자리로 돌아가고 있다. "비정규직화"가 그 전형적인 흐름이다. 이것을 보면 임금의 수준과는 상관없이 임금노동에 종사하는 한 노동자는 여전히 노동자이므로 자본주의의 내적 모순을 체현할 수 있음을 알게 된다. 그 구체적인 의미는 다음 장에서 살펴보기로 하고, 여기에서는 마르크스가 "우리가 노동자라면 우리에게 이 모순이 체현되므로 우리는 무력한 자가 아니라 자본주의의 무덤을 파는 사람들이다"라고 선언했다는 사실을 기억해

두자.

『공산당 선언』은 지금까지 설명한 역사관을 기반으로 "2단계 혁명론"을 도출한다. 즉, 모든 나라와 사회에는 봉건제 사회 질서를 파괴할 부르주아 혁명이 일단 일어나야 한다는 것이다. 그러면 부르주아 민주주의가 출현하고, 자본주의가 비약적으로 발전한다. 그렇게 자본주의가 고도로 발전한 미래의 어느 시점에는 자본주의 사회의 내적 모순으로 인해서 발전이 멈추게 된다. 바로 이때, 비로소 사회주의 혁명이 일어날 수 있다. 사회주의 혁명은 노동자 계급에 권력을 부여하고 생산수단 및 대규모 토지 사유 금지 등의 정책을 시행함으로써 자본주의를 철폐하고 계급의 지배를 소멸시킬 것이다. 나중에 마르크스는 노동자 계급의 이런 지배와 자본주의 철폐 과정을 "프롤레타리아 독재"라고 불렀다. 이 과정이 끝나고 고도의 자유와 평등, 풍요가 실현된 사회가 공산주의 사회이다. 사회의 발전에 관한 이러한 생각은 후대 마르크스주의자들에게 지대한 영향을 미쳤다.

상부 구조와 하부 구조

|『경제학 비판』

마르크스-엥겔스가 『공산당 선언』을 출간한 직후인 1848년에 유럽 각지에서 혁명이 일어났다. 마르크스는 그해 3월 혁명에 참여하려고 브뤼셀에서 파리로 갔다가 4월에 다시 프로이센령 쾰른으로 가서 「신新 라인 신문Neue Rheinische Zeitung」을 창간하고 혁명적 선동을 시작했다. 그러나 혁명이 퇴조하자 6월에 다시 망명을 결의하여 처음에 갔던 프랑스로 돌아가는데, 거기서도 안주하지 못하고 영국 런던으로 향했다. 결과적으로 마르크스는 이때 자리 잡은 런던에서 여생을 보냈다. 「신 라인 신문」에 개인의 재산을 전부 쏟아부은 마르크스는 처자식을 건사하며 거의 무일푼이 되었다. 머지않아 런던에 도착한 엥겔스가 마르크스와 그 가족을 경제적으로 지탱해주었다. 엥겔스는 이후 가업으로 복귀하여 맨체스터에서 일했지만, 마르크스의 가족을 계속해서 지원했다.

이 책에서는 자세히 소개하지 않겠지만, 런던 시절에도 마르크스는 1848년 혁명에서 크게 활약하지 못한 공산주의자 동맹의 재건을 시도하거나 유럽의 노동자와 사회주의자들이 1848년에 창설한 국제 노동자 협회(제1인터내셔널)의 간부로 활동하는 등 혁명가로서의 활동을 멈추지 않았다. 그리고 역시나 내용을 자세히 소개하지는 않겠지만, 이 무렵에 『루이 보나파르트의 브뤼메르 18일Der 18te Brumaire des Louis Napoleon』과 『프랑스 내전Der Bürgerkrieg in Frankreich』 등 후세에 유명해질 걸작 정치 평론서를 집필하기도 했다.

마르크스는 런던에 정착한 후 활동의 중심을 혁명 운동에서 경제학 연구로 옮기고 꾸준한 연구 결과로 평생의 역작인 『자본론』을 출간했다.

마르크스가 경제학 연구를 본격적으로 시작한 후에 내놓은 최초의 성과는 『정치경제학 비판 요강Grundrisse der Kritik der politischen Ökonomie』(1859)이다. 이 책은 『자본론』에서 더 상세히 다루어질 상품 분석 등의 내용을 담고 있으며, 서문에서 훗날 "사적 유물론 공식"으로 불리게 될 사회관과 역사관을 제시한 것으로 유명하다. 그리고 이 "공식"에는 『포이어바흐에 관한 테제』, 『독일 이데올로기』, 『공산당 선언』 등의 저술을 통해서 단련한 마르크스의 관점이 집대성되어 있다. 조금 길기는 하지만 중요한 내용인 데다가 문제의식이 함축되어 있으니 잘 읽어보기 바란다.

> 인간은 생활 속에서 사회적 생산을 수행할 때 일정하고 필연적이며 인간의 의지에서 독립된 관계를, 즉 인간의 물질적 생산력의 일정 발전 단계에 대응하는 생산 관계를 맺는다. 이 생산 관계의 총체는 사회의 경제적 기구를 구성하는데, 이것이 현실의 토대가 되고 그 위에 법률적, 정치적 상부 구조가 세워진다. 또한 일정한 형태의 사회적 의식이 이 현실의 토대에 대응한다. 물질적 생활의 생산 양식은 사회적, 정치적, 정신적 생활 과정 일반을 제약한다. 인간의 의식이 인간의 존재를 규정하는 것이 아니라 오히려 인간의 사회적 존재가 인간의 의식을 규정하는 것이다.
>
> (『경제학 비판』)

여기에 마르크스 이후의 사회과학 및 인문학에서 상식이 될 "상부 구조", "하부 구조"(토대)라는 개념이 등장한다. 상부 구조란, 이미 알다시피 법률이나 정치제도와 인간의 의식 등 정신적인 요소(따라서 문화도 포함)를 가리킨다. 한편 상부 구조의 토대가 되는 하부 구조는 경제적인 요소를 가리킨다.

그러나 마르크스가 여기서 말하는 "경제적인 요소"는 간단하지 않다. 위의 인용문에서는 상부 구조의 토대가 "경제적 기구"이며 이 "경제적 기구"는 "생산 관계의 총체"로 구성된다고 한다. 그렇다면 하부 구조(= 경제적인 요소)도 여러 계층으로 나뉜다는 뜻이다. 그리고 "생산 관계의 총체"는 "물질적 생산력의 일정 발전 단계에 대응한다"라고 되어 있으므로 하부 구조 중의 하부 구조, 즉 가장 기초적인 요소는 "생산력"이다. 인과 관계를 반대로 뒤집어 해석하면 "생산력이 생산 관계를 규정하고 생산 관계가 경제적 기구를 구성하고 그 토대 위에서 인간의 여타 활동이 이루어진다"라고 할 수 있다. 요컨대 인간 사회를 규정하는 가장 중요한 요소가

"생산력"이라는 것이다.

마르크스는 이야기를 이렇게 이어나간다.

사회의 물질적 생산력은 일정한 단계까지 발전하면 지금까지 자신이 속하여 활동했던 기존의 생산 관계, 혹은 그 법적 표현에 불과한 소유 관계와 모순되기 시작한다. 그 순간 이 관계들은 생산력의 발전 형태에서 생산력을 속박하는 요소로 돌변한다. 이때 사회 혁명의 기회가 도래한다. 경제적 기초가 변화하면 거대한 상부 구조 전체가 천천히 또는 급격히 뒤집힌다.……하나의 사회 구성은 모든 생산력이 그 안에서 더 발전할 여지가 없을 정도로 발전하지 않는 한 절대로 무너지지 않으며, 더 발전된 새로운 생산 관계는 그 물질적 존재 조건이 오래된 사회의 태내에서 부화를 끝내기 전에는 오래된 것을 절대로 대신하지 않는다. (앞의 책)

이것은 『공산당 선언』에 나온 사회 혁명의 메커니즘을 다시 설명한 것이다. 여기에서도 "생산력의 발전이 혁명의 근본적 원동력이다"라는 논리 구성을 엿볼 수 있다. 이 논리를 인류의 과거사 전반에 적용하고, 나아가 인류의 미래에까지 부연한 것이 다음 부분이다.

단순히 말해, 경제적 사회 구성이 진보하는 단계로 아시아적, 고대적, 봉건적, 근대 부르주아적 생산 양식을 들 수 있다. 부르주아적 생산 관계는 사회적 생산 과정 최후의 적대적 형태이다(개인적인 적대가 아니라 개인의 사회적 생활 조건에서 생겨나는 적대를 의미한다). 그러나 부르주아 사회의 태내에서 발전하는 생산력은 이 적대 관계를 해결할 물질적 조건도 만든다. 그래서 이 사회 구성체와 함께 인간 사회의 전사前史는 종말을 고한다. (앞의 책)

마르크스는 『공산당 선언』에서 "인류의 역사는 계급 투쟁의 역사"라고 말했다. 여기에서 마르크스는 그 역사를 "인간 사회의 전사"라고 불렀다. 지배자와 피지배자가 서로 싸우는 역사에서는 권력자가 바뀔 뿐, 지배자가 존재한다는 사실은 변하지 않는다. 그리고 마르크스는 인간이 인간을 지배하는 사회는 본래 의미의 "인간 사회"가 아니라고 넌지시 말하며 그런 지배가 사라져야 비로소 인간의 진정한 역사가 시작된다고 주장한다. 공산주의 사회란 이런 "지배 없는 사회"를 가리킨다고도 말할 수 있다.

지금까지 살펴본 바에 기초하여 생각해보자. 이상향인 공산주의 사회를 실현하는 데에서 가장 중요한 것은 무엇일까? 단도직입적으로 말하면 관건은 "생산력"이다. 사회를 근본적으로 규정하는 것이 하부 구조, 즉 "경제적인 요소"이며, 그 하부 구조 중에서도 결정적인 요인이 "생산력"이기 때문이다. 즉 이상향에 근접하기 위해서는 오로지 생산력을 높이는 수밖에 없다.

"생산력 지상주의"에 대한 의심

"생산력 지상주의"로 불리는 이 사고방식은 예전의 마르크스주의자들에게 매우 큰 영향을 끼쳤다. 1917년의 러시아 혁명으로 마르크스주의를 내세운 국가인 소비에트 연방이 수립되자, 그 생각의 정당성이 현실적으로 증명되었다고 생각하는 사람도 많았다. 1929년에 세계 대공황이 일어나 선진 자본주의 국가들이 줄줄이 대불황에 빠진 와중에 소련만이 계획 경제를 통해서 경제를 견실하게 성장시키는 데 성공했기 때문이다. 그래서 당시 전 세계의 마르크스주의자들은 "사회주의는 경제 질서를 합리적으로 통제하여 생산력을 자본주의보다 고도로 발전시킬 수 있다", "이제 자본주의는 생산력 발전을 가로막는 걸림돌이 되었고, 사회주의만이 생산력을 해방할 수 있다"라는 논리로 사회주의의 정당성을 변증하려고 했다.

그러나 결국 이 논리는 세 가지 이유로 설득력을 잃었다. 첫째는 소련형 사회주의가 일정 시점까지는 확실히 생산력 발전에 성공했지만, 20세기 후반부터 한계에 봉착하여 1991년에 결국 붕괴했다는 것이다. 소련의 사회주의를 마르크스 사상의 정통 계승자로 보는 한, 사회주의만이 생산력을 발전시킨다는 생각은 틀렸다고 할 수 있다.

두 번째 이유는 생산력 발전을 사회의 진화와 동일시하는 시각에 대한 의문이 점점 커졌다는 점이다. "사적 유물론 공식"이 맞다면, 생산력이 발전할수록 자본주의는 사회주의에 가까워지고 사회주의는 공산주의에 가까워져야 한다. 하지만 마르크스주의자들은 선진 자본주의 국가가 소비 사회로 돌입한 1960~1970년대부터 이 명제에 회의를 느끼기 시작했다.

그 대표 격인 프랑스의 사회학자 장 보드리야르Jean Baudrillard는 소비 사회를 분석하고 비판하면서 이러한 주장을 펼쳤다.

사회의 생산력이 전반적으로 향상되어 상품이 넘치고 사람들의 욕망이 충족되면 상품이 팔리지 않게 된다. 따라서 자본주의가 구동하려면 아무리 소비해도 욕구가 채워지지 않는 정신 상태를 인위적으로 만들어내야 한다. 소비 사회란 그 단계에 도달한 사회를 말하며, 그것은 "영원한 욕구 불만"이라는 새로운 형태의 "소외"로 가동된다.

요컨대 생산력의 발전이 인간을 행복하게 한다는 사고방식은 이제 통용되지 않는 것이다.

세 번째 이유는 최근에 생태학적 위기가 심각해지고 있다는 점이다. 생산력의 무한한 증대가 생태학적 파멸을 의미한다는 사실을 이제는 누구나 안다. 이런 의미에서라도 "사적 유물론 공식"이 추구하는, 생산력 발전을 사회 진화와 동일시하는 가치관은 버려야 한다.

기술이 사회를
규정하지 않는다

마르크스가 연구의 "길잡이"라고 불렀던 생산력 지상주의는 이제 완전히 의미를 잃어버린 것일까? 앞에서 말했듯이 생산력이 끊임없이 향상되던 사회는 근대 자본주의 사회뿐이었다. 전근대 사회에서는 생산력이 완만하게 발전하거나 전혀 발전하지 않았다. 졸저『삶의 무기가 되는 자본론武器としての資本論』에도 썼지만, 예컨

대 봉건 사회에는 생산력 향상을 억제하는 사회적 기제, 즉 생산 관계가 존재했다. 다시 말해 근대 자본주의 이전의 세계에서는 생산력이 생산 관계를 결정하지 않고 오히려 생산 관계가 생산력을 결정했다.

앞에서 인용한 마르크스의 말 앞부분을 다시 한번 살펴보자.

인간은 생활 속에서 사회적 생산을 수행할 때 일정하고 필연적이며 인간의 의지에서 독립된 관계를, 즉 인간의 물질적 생산력의 일정 발전 단계에 대응하는 생산 관계를 맺는다.

"생산 관계"가 "생산력의 일정한 발전 단계에 대응한다"라고 되어 있다. 엄밀히 말해 생산력과 생산 관계 사이에 인과 관계가 아닌 "대응"의 관계가 있다는 것이다. 따라서 이 글에는 일종의 불일치가 존재한다고 볼 수 있다. 즉 마르크스는 역사의 큰 틀을 볼 때에는 생산력이 생산 관계를 규정하여 사회의 하부 구조를 이루므로 생산력의 발전이 고대 사회를 봉건 사회, 근대 자본주의 사회, 사회주의, 공산주의 사회로 이행시킨다고 말하는 한편, 생산 관계와 생산력의 관계를 들여다볼 때에는 후자가 전자를 단순히 결정하는 것이 아니라 양자가 "대응"의 관계에 있다고 말했기 때문이다.

이 "불일치"를 어떻게 이해해야 할까? 그 답은 『자본론』을 검토하면서 찾아보기로 하고, 여기서는 일단 생산력 지상주의가 필연적으로 기술 결정론과 같아진다는 사실을 알아두자. 왜냐하면 기술 수준이 생산력 수준을 결정하기 때문이다. 기술 결정론은 자본주의 사회인 현대 사회에서도 매우 유력한 이데올로기이다. 컴퓨터나 IT, AI 등 새로운 기술의 도입이 때때로 사회를 확 바꾸어놓는 것도 지극히 당연하다.

그러나 이 생각에는 큰 역설이 숨어 있다. 신기술의 도입으로 특정 산업이 소멸하거나 노동 방식이 바뀌거나 고용 형태가 달라진다는 의미에서 사회가 변하는 것은 사실이지만, 이 모든 변화는 "끊임없는 생산력 향상 추구"라는 단 하나의 동기로 일어난다. 즉 자본주의 사회는 계속 변화하는 듯 보여도 사실은 언제나 같은 원리로 일관된 채 전혀 달라지지 않는다. 알고 보면 기술이 사회를 결정하는 것이 아니다. 오히려 자본주의 사회의 특징이 끊임없는 기술혁신을 요구한다.

또한 기술 결정론으로 표출되는 생산력 결정론은 자본주의가 사회주의, 공산주의로 이행할 가능성에 대해서 까다로운 문제를 제기하기도 한다. "사적 유물론 공식"에서는 인류가 이전의 역사에서 벗어나 인간이 인간을 지배하지 않는 사회를 이룩하는 조건으로 "생산력의 충분한 발전"을 들고 있는데, 과연 이 "충분한 발전"이란 구체적으로 어느 정도의 수준인가 하는 것이다. 사실 "자동차가 개발되면 사회주의가 성립될까?", "지하철이 개발되면?", "원자력 발전소가 개발되면?", "휴대전화가 개발되면?", "로봇이 개발되면?" 등의 질문을 무수히 생성할 수 있다는 것 자체가 이 모든 질문이 무의미하다는 증거이다. 다시 말해서 기술 수준, 즉 생산력 수준은 그 자체로는 자본주의적 생산 양식을 극복하지 못한다고 말할 수 있다. 마르크스 역시『자본론』

에서 "자본주의 사회에서 기술의 진화가 노동자의 해
방을 돕는 일은 일어나지 않는다"라고 분석하면서 생
산력 결정론을 실질적으로 부정했다.

후세에 미칠 영향

다음 제2장에서는 『자본론』의 내용을 살펴보면서 왜 자
본주의 사회가 오로지 생산력 향상을 지향하는지 알아
보고, 제3장에서는 자본주의 사회의 그런 특징이 각각
의 인간과 인간의 관계에 어떤 영향을 미쳤는지 고찰할
것이다. 그리고 이번 장의 끝부분인 이번 절에서는 마
르크스의 생애를 살펴보고 그의 사상이 후세에 어떤 영
향을 미쳤는지 개괄하려고 한다.

마르크스는 1867년에 『자본론』 제1권을 출간했다. 결
국 『자본론』 중 마르크스가 직접 출간한 책은 이 1권뿐
이다. 마르크스는 『자본론』을 통해서 자본주의 사회를
최소 단위에서부터 설명하고 모든 기초 구조를 빠짐없

이 기술하고자 했다. 따라서 제1권을 출간한 후에 대영박물관 도서관에 틀어박혀 속편을 위한 연구에 몰두했으나 작업은 좀처럼 마무리되지 않았고, 1873년쯤에는 병까지 생겼다. 그리고 1883년 3월 14일, 마르크스는 결국 『자본론』을 완성하지 못한 채 예순넷의 나이로 생애를 마감한다.

그의 사망으로 평생의 친구 엥겔스에게 방대한 초고가 남겨졌다. 마르크스는 굉장한 악필이었으므로 엥겔스만이 그의 자필 원고를 판독할 수 있었다고 한다. 엥겔스는 시력을 망쳐가며 초고의 편집 작업에 진력했고, 마침내 1885년에 『자본론』 제2권을, 1894년에 제3권을 출간했다.

사상가로서 마르크스의 운명은 기구했다. 결과적으로는 마르크스주의라는 혁명 사상의 포괄적 체제까지 정립했지만, 19세기 당시에는 사회주의 사상가가 셀 수 없이 많기도 해서 마르크스의 명성과 영향력은 그의 사후에야 점점 커졌다. 20세기 이후 마르크스주의가 사회주의 사상 가운데 현저히 우세해진 것은 엥겔스의 저서 『공상에서 과학으로*Die Entwicklung des Sozialismus von der Utopie zur*』의 표제가 대변하듯이, 마르크스의 사회 분석 및 자본주의 분석이 다른 사상가의 이론과 비교되지 않을 만큼 자본주의 사회의 본질을 "과학적"으로 간파했으며, 또 그에 따라서 마르크스가 제시한 혁명에 대한 예측도 정확하다고 평가받은 덕분이다.

마르크스주의의 영향력이 결정적으로 확대된 사건은 1917년 러시아 혁명이었다. 블라디미르 레닌Vladimir Lenin 등 러시아의 마르크스주의자들이 그들 특유의 마르크스 해석에 기초한 사회주의 혁명을 결행하여 마르크스주의에 기반했다고 스스로 주장하는 국가(소비에트 연방)를 건설하는 데 성공한 것이다. 그리고 소련은 제2차 세계대전에서 연합국으로 참전하여 전쟁이 끝난 후에 동유럽 지구에 소련형 사회주의 국가를 여럿 수립하여 영향력을 확대했다. 1949년에는 마오쩌둥毛澤東이 이끄는 중국 공산당이 내전에 승리하여 사회주의 체제를 표방하는 중화인민공화국을 수립하기도 했다.

이런 식으로 20세기 중반부터 후반에 걸쳐 소련이 이

끄는 마르크스주의 국가들(동쪽 진영)과 미합중국이 이끄는 자유주의-자본주의 국가들(서쪽 진영)이 서로 핵무기를 들이대고 한국 전쟁, 베트남 전쟁 등에서 전쟁의 포화를 주고받는 동서 대립 구도를 굳혔다. 그러나 이렇게까지 마르크스주의가 우세해진 것은 두 차례의 제국주의 세계 전쟁(제1차 및 제2차 세계대전) 덕분이었다. 근대 자본주의가 급속히 발전시킨 생산력과 기술력을 살상 행위에 총동원하는 총력전이라는 형태로 자본주의의 모순이 표출되는 순간, 마르크스주의야말로 자본주의를 극복할 방법을 "과학적"으로 보여줄 구원자처럼 보인 것이다.

그러나 앞에서 말한 대로 20세기 말 이후 소련은 한계에 봉착했고 1991년에 붕괴했다. 소련과 나란히 마르크스주의 대국을 수립했던 중화인민공화국 역시 개혁 개방 노선을 채용하여 "사회주의 시장 경제"라는 이름의 실질적인 자본주의 경제로 돌아섰다.

1990년대에는 이런 변화를 배경으로 마르크스주의와 마르크스 사상을 "과거의 유물"로 여기는 풍조가 강

해졌다. 그러나 한편으로 1990년대를 석권한 명제, 즉
"글로벌 자본주의가 모든 인간에게 풍요와 행복을 가
져다줄 것이다"라는 명제 또한 2008년의 리먼 브라더스
의 서브프라임 모기지 사태 등의 경제 위기, 선진국의
중산층 몰락과 격차 확대, 그리고 그에 따른 사회 불안
증대 등의 현실 앞에서 비판을 피할 수 없게 되었다.

그러나 여전히 마르크스 이론은 자본주의의 메커니
즘을 분석하는 거대 이론으로 거듭 소환될 운명에 처
해 있다. 그 이유는 무엇일까? 이번 장에서 살펴보았듯
이, 마르크스가 자본주의의 시대를 인류사 중의 한 시
대로, 다시 말해 지나간 시대로 보는 인류사적 관점을
채용했기 때문이 아닐까? 지금 자본주의 사회에서 사
는 우리가 무의식적으로 당연하게 여기는 현상도 이 인
류사적 관점으로 보면 상대화되어 전혀 당연하지 않게
(자본주의 사회 특유의 현상으로) 보일 테니 말이다. 지금
부터 이렇게 강력한 비판적 시각을 제공한 결정적 기록
물인 마르크스의『자본론』을 살펴보자.

제2장

『자본론』의 세계

왜 "상품"인가?

이번 장에서는 『자본론』을 파헤쳐볼 것이다. 그러나 『자본론』은 매우 방대하므로 이 한정된 지면에서 모든 내용을 빠짐없이 해설할 수는 없다. 게다가 개략적 내용을 파악하고 제시하는 책은 시중에 이미 많이 나와 있으니 거기에 하나를 더 보탤 필요도 없을 것이다. 따라서 이 책에서는 『자본론』 중에서도 특히 중요하다고 여겨지는 제1권을 살펴보면서 마르크스가 분석한 자본주의의 본질 중 정수만 추려서 검토하고자 한다.

제목이 "상품"인 『자본론』 제1편 제1장은, 이런 문장으로 시작된다.

자본주의적 생산 양식이 지배적인 사회에서는 부가 "거대한 상품 집적"으로 드러나며, 개개의 상품은 이 부의 기본형태Elementarform로 드러난다. 그래서 나는 상품 분석으로 연구를 시작한다. (『자본론』)

이 첫 문장은 마르크스가 자본주의를 분석할 때의 최소 단위, 화학에 비유하자면 원소에 해당하는 가장 기초적인 단위를 "상품commodity"으로 규정했음을 시사한다. 여기에는 중대한 의미가 있다. 왜일까?

마르크스가 정력적으로 연구하고 극복하려고 한 영국 발상의 고전파 경제학은 그 영향력이 지금까지도 계속되고 있는데, 부가 오로지 상품으로 드러난다는 의미를 고찰하지 않았다는 점에 마르크스의 반박 요점이 있다. 현대 경제학의 주류인 신고전파 경제학은 그 이름 그대로 기본적 개념과 사회관, 인간관을 고전파 경제학에서 차용했다.

자본주의 사회에 사는 우리의 눈에는 부가 상품으로 드러나는 것이 당연해 보인다. 주위를 둘러보면 처음부터 상품으로 만들어져 판매되는 물건이 가득하기 때문이다. 하지만 인류가 시작부터 이렇게 살았던 것은 아니다.

극단적인 예시이기는 하지만, 완벽하게 자급자족으로 생활한다고 상상해보자. 음식과 옷, 주거 등의 형태로 "부"는 존재할 테지만 이것들은 상품이 아니다. 자급자족 생활을 촌락 공동체 규모로 확대해보아도 마찬가지이다. 다양한 부의 교환이 이루어지겠지만 화폐를 매개로 하지는 않기 때문이다.

사실 화폐 경제와 그에 따른 상품 교환은 지역에 따라서 차이는 있지만 대개 문명의 이른 단계부터 시작되었다. 일본의 에도 시대 등 근대 자본주의 사회의 전 단계인 근세 봉건 사회에서도 상품의 생산과 교환이 활발하게 이루어졌다. 당시는 농경 산업이 압도적인 사회였지만, 그래도 수확물을 직접 소비하기보다는 "상품 작물"을 재배해 돈을 벌려는 사람이 많았다.

그럼에도 여전히 그 사회는 마르크스가 말하는 "자본주의적 생산 양식이 지배적인 사회"가 아니었다. 단순히 상품 경제가 존재하고 화폐가 사용되었다고 해서 그 사회를 자본주의 사회로 간주한다면 인간 사회는 선사 시대부터 자본주의 사회였을 것이다. 그리고 정말로 인류가 지구에 출현하자마자 자본주의 사회를 형성했다면 앞으로도 영원히 자본주의 사회를 유지할 수밖에 없을 것이다. 그렇다면 자본주의는 "자연"이 되고 만다.

마르크스는 자신이 결코 받아들일 수 없는 이 논리를 고전파 경제학이 인식론적 전제로 삼았다고 생각했다. 즉 고전파 경제학자들이 "부 일반 = 상품"이라고 생각하면서도 이것이 자본주의 사회 특유의 현상임을 간과한 탓에 자본주의 사회를 "자연화"했다는 것이다. 이와 반대로『자본론』은 첫머리에서부터 "부 일반 = 상품"이 자본주의 사회 특유의 현상임을 인식시킨다. 그러고 보면 고전파 경제학은 자본주의 사회라는 사회적 관계를 하부 구조 삼아서 생겨났으면서도 그 사실을 자각하지 못해서 발생한 "이데올로기"라고 할 수 있다.

자본주의 사회의 조건

그렇다면 어떤 사회를 "자본주의적 생산 양식이 지배적인 사회", 즉 "자본주의 사회"로 볼 수 있을까?

마르크스는 산업 혁명 이후의 사회를 "자본주의 사회"로 명확히 정의한다. 다시 말해서 산업 자본주의가 성립된 후에야 비로소 "부의 일반적 형태가 상품인 사회"가 실현되었다는 것이다. 그럼 산업 혁명이라는 말에서 연상되는, 줄줄이 늘어선 공장 굴뚝에서 검은 연기가 뿜어져 나오는 사회도 자본주의 사회로 볼 수 있을까? 이는 반은 맞고 반은 틀린 생각이다.

틀렸다고 말하는 이유는 소련 등 현존하는 사회주의 체제에서도 때때로 공장이 자본주의 국가들보다 더 격렬하게 검은 연기를 내뿜었기 때문이다. 그리고 20세기 말 이후 산업 구조가 전환된 나라에서는 제3차 산업(서비스업)이 경제에서 높은 비중을 차지하므로 연기를 내뿜는 공장이 크게 줄어들었을 텐데, 그렇다고 그 나라가 자본주의 체제를 포기한 것은 아니기 때문이다. 오히려 산업 구조가 바뀌어 공장 굴뚝의 연기가 줄어든 것은 그 나라가 선진 자본주의 국가라는 증거가 된다.

그러나 공장 굴뚝에서 연기가 나면 자본주의 사회라는 생각에는 타당한 면도 있다. 공업화가 진전된 덕분에 많은 나라들이 마르크스가 생각하는 자본주의 사회의 기준을 충족할 수 있었으니 말이다. 그 기준이란, 나중에 다시 말하겠지만 "노동력과 토지의 상품화", 그리고 그에 따른 "임금노동의 발생"이다.

자본주의 체제는 온갖 부를 상품화하는 경향이 매우 강하다. 기본적인 예로는 집에서 소비되거나 공동체에서 소비되었던 농작물이 판매용 작물로 바뀐 것을 들 수 있다. 우물을 파서 물을 마신 선조와 달리 우리 현대인은 생수라는 상품을 일상적으로 사서 마신다. 그러나 사람들이 신변의 물품 대부분을 돈으로 구매한다고

해서 그 사회가 마르크스가 말한 "자본주의적 생산 양식이 지배적인 사회"(즉, 자본주의 사회)가 되는 것은 아니다. 인간의 노동력과 토지(넓은 의미로는 "자연"인데, 나중에 말하겠지만 여기에는 중대한 의미가 있다)가 상품화되어야만 자본주의 사회가 된다.

"노동력의 상품화" 과정

| "시초축적"의 의미

『자본론』제1권의 전체적인 서술 구조를 보면 마르크스의 자본주의 사회관을 이해할 수 있다. 마르크스는 제1권의 마지막 장인 "시초축적die ursprüngliche Akkumulation"에서 근대 자본주의 사회가 생성된 역사를 서술했다. 이때 마르크스는 15세기 말에서 17세기 중반(제1차), 그리고 18세기 후반에서 19세기 전반(제2차)에 걸쳐 영국에서 일어났던 역사적 사건인 "인클로저enclosure 운동"에 주목했다.

"인클로저"란 교과서적으로는 영주 또는 지주(부농)가 농민(소작농)에게서 폭력으로 빼앗은 경지 또는 공유지였던 들판에 울타리를 둘러쳐서 자기 양을 키울 사유지 목장으로 만든 일련의 사건을 의미한다. 이런 식으로 토지에서 쫓겨난 농민은 유랑민이 되었는데, 토머스 모어Thomas More는 『유토피아Utopia』(1516)에서 그 현상을 두고 "양이 인간을 먹는다"라고 비판하기도 했다. 영주들과 지주들이 이런 만행을 저지른 배경에는 영국의 모직물 산업의 발전이 있었다. 원료인 양모의 가격이 상승하자 목장을 확대하여 양모 생산량을 늘리고 싶었던 것이다.

　인클로저 운동에는 단순히 농민의 몰락 외에도 훨씬 더 중대한 의미가 있다. 사회가 봉건제였을 때에는 토지와 딱 붙어 있었던 농민들이 이런 식으로 토지에서 분리되고 생계를 꾸릴 생산 수단으로부터도 분리되어 유랑민이 되면서 어쩔 수 없이 자기 노동력을 팔아서 생활하게 되었기 때문이다. 즉 농민이 임금을 받고 일하는 품팔이(임금노동자)가 된 것이다.

"시초축적"에 나타난 이 과정이 바로 "노동력의 상품화" 과정이다. 여기에서 역사 서술을 앞세운 것이『자본론』본문의 첫머리와 호응한다. "자본주의적 생산 양식이 지배적인 사회"는 인류 사회의 평소 상태가 아니라 역사적으로 발생한 특수 상태라는 사실, 다시 말해서 인간 사회의 여러 모습 중 하나일 뿐이라는 사실을 여기에서 알 수 있는 것이다.

이는 자본가 측에서도 마찬가지이다. 토지에서 분리되어서 유랑하는 인간이 없으면 산업 자본주의를 성립시킬 수 없다. 산업 자본가가 공장을 짓더라도 모든 노동자가 봉건 질서에 따라서 토지나 직능에 구속되어 있으면 공장에서 일할 사람을 구하지 못하기 때문이다. 자본주의 사회로의 이행과 자본축적 운동의 전제가 되는 이 "축적"의 과정을 마르크스는 "시초축적"이라고 불렀다.

이처럼 근대 자본주의적 생산 양식을 경험한 최초의 노동자는 유랑민이었다. 이와 대조적인 예로는 일본 최초의 근대 공장, 즉 메이지 정부가 식산흥업 정책의 상징으로 세운 관영 후쿠오카 방적 공장에서 무사 가문의 딸들을 여공으로 모집한 사건을 들 수 있다. 공장 측에서는 새로 뽑힌 사람에게 기술을 전파하여 근대적 방적업을 확대하는 역할을 맡기고자 했으므로 무사 가문의 딸을 선택한 것이다.

그러나 이것은 공장에 대한 의심을 불식하려는 시도이기도 했다. 근대적 공장은 프랑스인 기술자도 상주하고 있어서 전근대적 촌락 공동체의 눈에는 이상하고 기분 나쁜 곳으로 보였다. 농촌 공동체에 기반을 가진 사람이 보기에 공장은 "성실한 인간"이 일할 만한 곳이 아니라, 기반을 다 잃은 실업자(즉, 유랑민)만 찾아가는 곳이었다. 그래서 메이지 정부가 근대적 공장을 확대하기 위해서 명망 있는 가문의 딸들을 모집한 것이기도 했다. 수상하고 불성실해 보이는 이미지를 전환할 필요가 있었던 것이다.

따라서 유랑민과 무사의 딸은 얼핏 대조적으로 보일지라도 본질적으로는 같다. 그리고 결국 방적 공장이 일본 사회에 정착된 이후 거기에서 일하며 가혹하게 착취당한 사람들은 인구 과잉에 시달리던 농촌 지역의 자녀들이었다.

인간과 토지의 분리는 농촌 공동체의 붕괴를 의미하기도 했다. 그때까지 영주는 특권을 누리는 대신에 주민의 생활을 배려하며 통치해야 한다는 지배계급의 윤리에 얽매여 있었다. 주민도 마찬가지로, 영주에게 보호받는 대신 지배를 따르고 성실하게 생활해야 한다는 피지배계급의 윤리에 묶여 있었다. 그러나 인간과 토지가 분리되자, 계층 질서와 신분제에 기반한 공동체적 세계관이 무너지기 시작했다.

"이중적 자유"의 실체

자본가는 이렇게 시작된 임금노동으로 이윤을 창출했다. 즉 노동자가 자신을 위해서 봉사하도록 만들었다. 지배계급이 피지배계급을 수탈하는 일은 선사 시대부터 있었지만, 노동력을 상품화하여 수탈(착취)하는 일은 자본주의 사회에서만 일어난다. 왜냐하면 이 수탈은 어디까지나 상품(노동력)과 화폐(임금)의 등가 교환으로만 이루어지기 때문이다. 다시 말해서 자본주의의 수탈은 신분상 대등하고 공평한 관계에서, 즉 "팔든지 말든지 자유"인 듯한 환경에서 이루어진다.

편의점을 예로 들어보자. 그곳에서 커피를 사든 차를 사든 콜라를 사든 아무것도 사지 않든 그것은 완전히 "자유"이며, 무엇인가를 사려면 화폐와 상품을 공평하게 등가로 교환해야 한다. 이와 마찬가지로 노동력 상품과 임금 역시 외견상 "자유" 의지에 기초하여 등가로 교환된다.

그러나 이 "자유"는 사실상 근대 최고의 가치로 자리 잡은 "자유"의 부정적 변형이다. 마르크스는 이에 대해서 "이중적 의미로 자유로운 노동자"라고 비꼬아 말했다. 여기서 말하는 "이중적 의미로 자유로운 노동자"란 첫째로는 신분제적 속박에서 해방된 자유인으로서 자기 노동력, 즉 자기 상품을 처분할 수 있으므로 자유롭다는 뜻이다. 둘째로는 생산 수단에서 자유롭다는 뜻,

즉 생계를 꾸릴 수 있는 생산 수단이 없어졌으므로 자유롭다는 뜻이다. 근대 사상가들은 첫 번째 의미의 자유를 인류의 큰 가치로 칭송해왔다. 그러나 두 번째 자유는 자기 노동력을 파는 것 외에는 선택지가 전혀 없다는 뜻이므로 진정한 의미의 자유가 아니다.

그러나 첫 번째 자유와 두 번째 자유는 이어져 있다. 거대한 부를 소유한 자본가와 일용직 노동자는 신분 차이가 없으므로 오로지 자유 의지에 기초하여 고용 계약을 체결할 수 있다. 하지만 이 "자유로운 일용직 노동자"는 토지로부터 폭력적으로 분리되어 맨몸으로 내던져진 결과 어쩔 수 없이 자유로워졌을 뿐이다.

마르크스가 지적한 "이중적 자유"의 개념, 그리고 시초축적 과정이 봉건 질서를 해체한 사건이 근대 정치의 중요한 이념에도 큰 영향을 끼쳤다는 사실을 이제 이해했을 것이다. "자유"라는 이념은 위에서 말한 대로 문제를 내포하고 있어서 "만인의 평등"(신분제의 부정)을 전제하는 동시에 실질적인 평등의 부재를 가린다.

봉건 사회에서는 정치적 지배와 경제적 지배가 혼연

일체였으며 지배자와 피지배자 사이의 자연스러운 불평등(신분제)이 질서 유지의 전제가 되었다. 한편 자본주의 사회에서는 자본가와 노동자가 어디까지나 대등한 관계에서 자유 의지에 기초하여 계약을 맺으므로 착취나 지배 관계가 존재하지 않는다. 자본가는 정해진 노동 시간에 정해진 일만 노동자에게 시킬 수 있고, 노동자를 인격적으로 복종시킬 수는 없다. 그러나 여기에도 지배와 착취는 엄연히 존재한다. 이에 관해서는 나중에 자세히 이야기하기로 하자.

한편 자본가는 봉건 시대의 지배자가 져야 했던 "피지배자의 생활을 고려할 의무"에서 해방되었다. 자본가와 노동자가 똑같은 "보통 사람"이라면 자본가가 굳이 지극한 도덕심을 발휘하여 노동자의 행복을 실현하기 위해서 노력할 이유가 없기 때문이다. 즉, 자본가 계급은 실질적으로는 노동자를 지배하면서 예전에 지배자에게 부과되었던 의무만 면제받은 셈이다. 이것이 바로 마르크스가 그려낸 "근대적 평등의 그림자"이다.

끝없는 상품화의 물결

지금까지의 내용을 보면 마르크스가 자본주의 사회를 어떻게 정의했을지 추측할 수 있다. 그것은 바로 "상품 생산, 유통(교환), 소비로 거의 모든 물질대사metabolism를 수행하는 사회"이다. "물질대사"는 사전적으로 "생체 내 물질의 화학 변화의 총칭"을 뜻하지만, 좀더 자세히 설명하면 인간을 포함한 모든 생물이 외부에서 섭취한 물질을 분해, 합성하고 자신의 구성 물질로 동화하여 생명 활동에 도움을 주고 마지막에 그것을 다른 물질로 만들어 체외로 배출하는 과정을 가리킨다. 예를 들면 동물이 음식을 섭취하여 배설물로 배출하는 과정 또는 식물의 광합성 작용 등이 여기에 해당한다.

우리는 이처럼 필요한 물질을 섭취하고 불필요한 물질을 배출하면서 생명을 유지한다. 이 물질대사에 인간이 의도적으로 개입하는 행위가 바로 노동이다. 물질대사 자체는 모든 생명이 처음부터 수행한 활동이지만, 근대 자본주의 사회가 성립된 후에 인류는 이 물질대사

대부분을 상품으로 해결하기 시작했다. 우리가 매일 섭취하는 음식도 상품 그 자체이다. 외식할 때나 완전 조리 식품을 사다 먹을 때는 물론이고, 직접 요리할 때도 거의 모든 식재료를 슈퍼마켓 등에서 구매하기 때문이다. 물론 식재료뿐만 아니라 신변에 필요한 거의 모든 물건이 상품으로 생산되고 판매된다.

그러나 앞에서 말했듯이 그런 외형만 가지고 "이 사회는 마르크스가 정의하는 자본주의 사회"라고는 말할 수 없다. 에도 시대의 일본 사회에서도 판매용 작물이 대량으로 생산되고 판매되고 소비되었지만, 그래도 그 사회는 자본주의 사회가 아니었다. 노동력과 토지가 상품화되기 전이어서 상품 경제가 물질대사의 "대부분"을 차지하지 못했기 때문이다.

노동력과 토지가 상품화되고 "상품이 상품을 생산해야" 이 "대부분"이라는 조건이 충족된다. 노동자는 생계를 꾸릴 생산 수단이 없는 인간(자본주의 사회의 노동자, 프롤레타리아, 임금노동자)에게 자신이 만든 상품을 팔고 그 대가로 받은 임금으로 다양한 필수품을 산다.

이때 노동력은 상품이다. 이렇게 상품(노동력 상품)이 상품을 생산할 때 "사회의 부"가 "거대한 상품의 집적"이 되므로 "대부분"이라는 조건이 충족된다. 이미 말했다시피 사람들이 토지 및 직능과 일체화한 상태를 벗어나야만 "상품이 상품을 생산하는" 상황이 발생한다.

그리고 이 "대부분"이라는 조건이 충족되는 순간, 무엇이든 상품화하는 자본주의 사회 특유의 경향이 발휘된다. 우리도 불과 얼마 전까지 스스로 만들어서 사용했던 많은 물건들을 이제는 사서 쓰게 되었다. 심지어 가사 노동도 상품화되어 가사 대행업의 시장 규모가 계속해서 커지고 있다.

이 현상은 일용품이나 일상적 서비스에 그치지 않는다. 자본주의는 유용성이 조금이라도 있다고 인정되면 무엇이든 상품화한다. 물질적 실체가 없는 것도 예외가 아닌데, 그 대표적인 사례가 바로 정보이다. 우리가 아무 생각 없이 인터넷에 검색하거나 웹사이트를 열람하는 행위는 잠재적 소비자의 관심 정보로 해석되어 그것을 필요로 하는 사람이나 업체에 판매된다. 특정한 장

소를 어떤 사람(나이, 성별 등)이 지나갔느냐 하는 정보를 안면 인식 기술이 수집하여 판매하기 시작한다면 사람이 거리를 걷는 행위까지 상품이 될 것이다.

첨단기술이 끝도 없이 새로운 상품을 만들면 사회 갈등이 일어날 수 있다. 가령 생식에 관한 기술혁신은 윤리적 문제의식을 자극하는 상품을 낳는다. 유전자 연구의 발전은 유전자 조작의 위험을 높이고 유전자 조작 인간을 탄생시킬 수 있다. 그럼 인간의 게놈 정보도 상품이 될 것이다. 대리모 출산에서는 빈곤국 여성의 자궁을 이용할 권리가 상품화된다. 이런 사태는 "어떤 특정 사물이나 행위는 상품이 될 수 없다"라는 종래의 일반적 도덕 감정을 거스르며 갈등을 일으킨다.

1980년대 이후 전 세계를 뒤덮은 신자유주의의 물결은 "만물의 급속한 상품화"를 달성했다. 그 가장 비근한 예가 공공사업의 민영화이다. 생활필수품, 기반시설과 필수 서비스를 공급하는 주체는 영리 기업이 아니어야 한다는 생각이 한풀 꺾이면서 각국에서 많은 국영기업과 공공사업이 민영화되었다. 이렇게 공기업이 주식

회사로 바뀌자 기업 자체도 상품이 되었다. 이 민영화의 물결에는 성역이 없기 때문에 이제는 군대까지 민영화되고 있다. 그래서 현대의 전쟁에서는 민간 방위산업체의 활동에 관심이 쏠린다.

이 끝없는 상품화의 물결이 우리 인간에게 어떤 영향을 미치는지는 다음 장에서 본격적으로 살펴보겠다.

상품과 부의
일반적인 차이

그러면 『자본론』 이야기로 돌아가자. 『자본론』 제1권의 차례는 다음 쪽의 표와 같다.

마르크스는 자본주의 분석이 상품 분석으로 시작된다고 선언하고 실제로 상품 분석부터 시작한다. "부 일반"과 "상품"의 차이는 무엇일까? 먼저 떠올릴 수 있는 것은 "부"는 생산한 본인을 포함하여 누구에게나 도움이 될 수 있지만 "상품"은 판매가 목적이므로 타자에게

제1편 상품과 화폐

제1장 상품

제2장 교환 과정

제3장 화폐 혹은 상품 유통

제2편 화폐의 자본으로의 변화

제4장 화폐의 자본으로의 변화

제3편 절대적 잉여 가치의 생산

제5장 노동 과정과 가치 증식 과정

제6장 불변 자본과 가변 자본

제7장 잉여 가치율

제8장 노동 시간

제9장 잉여 가치율과 잉여 가치량

제4편 상대적 잉여 가치의 생산

제10장 상대적 잉여 가치의 개념

제11장 협업

제12장 분업과 공장 수공업

제13장 기계장치와 대공업

제5편 잉여 가치 생산에 대한 추가적 연구

제14장 절대적 잉여 가치와 상대적 잉여 가치

제15장 노동력 가치의 크기 변화와 잉여 가치의 크기 변화

제16장 잉여 가치율에 대한 다양한 공식

제6편 임금

제17장 노동력의 가치 혹은 가격의 임금으로의 전환

제18장 시간 임금

제19장 성과에 따른 임금

제20장 국가별 임금 차이

제7편 자본의 축적 과정

제21장 단순 재생산

제22장 잉여 가치의 자본으로의 변화

제23장 자본주의적 축적의 일반 법칙

제8편 시초축적

제24장 시초축적

제25장 현대 식민 이론

도움을 주어야만 목적을 달성할 수 있다는 점이다. 즉, 도움이 된다는 점은 같지만, 상품은 팔려야만 상품이 되는 것이다.

마르크스는 상품의 유용성을 "사용 가치"라고 칭하고 상품이 팔릴 때, 즉 교환될 때 실현되는 가치를 "교환 가치"라고 명명했다. 상품은 부 일반과는 달리 이 두 종류의 가치를 띤다.

그리고 교환 가치(단순히 "가치"로 불리기도 한다)는 오로지 양으로만 측정된다. 상품마다 유용성(질)은 제각각이기 때문이다. 책과 선풍기의 유용성을 비교할 수 있겠는가? 이는 불가능하다. "어느 쪽이 더 도움이 되느냐?"라는 질문도 의미가 없다. 이처럼 각 상품의 유용성은 서로 비교할 수 없을 만큼 제각각이지만, 상품이 매장에 진열되는 순간 "책은 1만 원", "선풍기는 10만 원"이라는 식으로 비교가 가능해진다. 질적인 차원에서는 비교할 수 없었던 이 두 상품을 어떻게 비교할 수 있게 되었을까? 이는 바로 그 상품에 포함된 "가치의 양"을 비교할 수 있기 때문이다.

이처럼 가치를 비교할 수 있는 상품에는 공통 속성이 있으며, 그 속성은 "교환 가치" 혹은 "가치"로 드러난다. 그렇다면 그 내막은 무엇일까?

가치관을 역전시킨
애덤 스미스의 노동 가치설

마르크스는 고전파 경제학자들에게서 "노동 가치설"을 계승했다. 노동 가치설은 "모든 부는 결국 인간의 노동으로 형성되므로 가치의 원천은 노동에 있다"라는 생각으로, "경제학의 아버지" 애덤 스미스가 처음으로 주장했다.

이 생각은 우리의 일상적 감각에 잘 부합한다. 그러나 스미스가 전근대에서 근대로 가는 과도기에 살았다는 점을 생각하면 이 학설은 상당히 혁명적이었다.

계층 질서로 일관된 전근대 사회에서는 노동이 존중받는 일도, 땀 흘려 노동하는 사람에게 높은 사회적 지위가 주어지는 일도 없었다. 왕과 귀족은 노동하지 않았다. 그들은 고귀해서 노동하지 않거나 노동하지 않아서 고귀했다. 반대로 노동자, 즉 일반 서민은 비천해서 일해야 하거나 일하기 때문에 비천한 대우를 받았다. 이런 질서관, 인간관, 노동관은 동서양을 막론하고 오랜 사회적 상식으로 통용되었고 노동은 전 세계에서 멸시받았다.

그런 사회에서 부와 가치의 원천이 노동에 있다고 주장하는 것은 세상의 주인공이 바뀌었다고 선언하는 것이나 마찬가지였다. 그런 의미에서 스미스는 노동 가치설로 가치관의 역전을 주장하여 정치적으로 민주주의, 인민 주권의 등장에까지 영향을 미쳤다.

스미스의 노동 가치설은 데이비드 리카도David Ricardo에게 계승되어 더 세련되어졌고, 그 결과 고전파 경제학의 주류를 이루었다. 마르크스는 그것을 다시 계승해 상품의 공통 속성인 "상품 가치", 즉 "노동 가치"를 형성하는 요소를 "추상적 인간노동"이라고 명명했다.

또한 그는 상품을 생산하는 노동도 상품의 이중성

(사용 가치와 교환 가치)과 융합시켜 이중화했다. 당연히 상품에 따라서 그 상품을 생산하는 노동의 구체적인 내용은 다양하게 달라지겠지만, 마르크스는 노동의 질적 측면을 "구체적 유용노동"이라고 명명하고, 교환 가치를 형성하는 양적 측면을 "추상적 인간노동"이라고 명명하여 구분했다.

그러나 "상품의 가치 또는 교환 가치는 추상적 인간 노동의 가치"라고 확인하고 이야기를 끝냈다면, 마르크스의 학설도 스미스나 리카도의 학설과 똑같아졌을 것이다. 그렇다면 과연 마르크스의 노동 가치설이 독자적인 이유는 무엇일까?

화폐의 마력
| 가치 형태론의 함의

마르크스는 제1장 제2절에서 "상품의 가치(교환 가치)는 추상적 인간노동의 가치"라고 선언한 후에 소위 "가치 형태론"을 전개한다(제3절 가치 형태 또는 교환 가치).
그 첫머리는 다음과 같다.

모든 상품의 가치 대상성은 유명한 퀴클리 부인(셰익스피
어의 『헨리 4세』 등에 등장하는 인물/역주)과는 달라서 도
대체 어디를 붙잡아야 할지 아무도 모른다. 감각적으로
거칠거칠한 상품체上品體의 대상성과 정반대로, 상품의 가
치 대상성에는 한 분자의 자연 소재도 들어 있지 않기 때
문이다. 따라서 각각의 상품을 아무리 주물러보아도 그것
을 가치를 지닌 물건으로 붙잡을 수 없다. (앞의 책)

"상품의 사용 가치"는 파악하기 쉽다. 상품을 보고
만지면서 그것이 어디에 도움이 될지 생각하면 감각적
으로 파악할 수 있다. 그러나 "상품의 가치 대상성", 다
시 말해서 교환 가치는 눈에 보이지 않아서 "아무리 주
물러보아도" 붙잡을 수 없다. 왜냐하면 교환 가치는
"상품과 상품의 사회적 관계에서만 드러나는 것"(앞의
책)이기 때문이다. 즉 마르크스는 "가치에는 물질적 실

체가 없다"라고 말하고 있다.

바로 여기에 핵심이 있다. 앞에서 말했다시피 마르크스는 한편으로 "상품 가치의 실체는 추상적 인간노동"이라고 말했다. 이때의 "추상적 인간노동"을 "생산적으로 노동하는 인간의 다양한 동작", "일반적으로 들이는 노력"으로 해석한다면 교환 가치는 추상화되기는 했어도 감각적으로 이해할 수 있는 "실체"가 된다. 따라서 마르크스는 여기서 "추상적 인간노동"은 반드시 "추상적인 무엇인가"를 의미하지는 않는다고 말한다. 그렇다면 여기에서 언급된 "추상적 인간노동"이란 무엇을 뜻할까?

앞의 인용문에 이어서 마르크스는 "가치 형태론"을 전개한다. 이 부분은 엄청나게 난해하기로 유명하다. 마르크스는 "X 분량의 상품 A = Y 분량의 상품 B"라는 "단순한 가치 형태"를 먼저 소개한 다음 "Z 분량의 상품 A = U 분량의 상품 B 또는 = V 분량의 상품 C 또는 = W 분량의 상품 D 또는 = X 분량의 상품 E 또는 = 기타"라는 "총체적 가치 형태"를 소개한다. 그리고 더 나

아가 아래의 등식을 "일반적 가치 형태"라는 이름으로
제시한다.

```
U 분량의 상품 B =
V 분량의 상품 C =
W 분량의 상품 D =        Z 분량의 상품 A
X 분량의 상품 E =
기타 상품 분량   =
```

그리고 마지막에 이외의 모든 상품과 등가로 여겨지
는 "상품 A"가 화폐가 된다고 결론짓는다.

후대의 연구자들은 이 설명이 여기에 들어간 이유를
오랫동안 연구했다. "단순한 가치 형태"에서 시작하여
결국 화폐의 필연성을 도출하는 전개 방식은 소위 "경
제학 신화"를 본뜬 듯하다. "경제학 신화"란 화폐의 출
현을 설명하는 흔한 이론으로, 그 대략적인 내용은 이
렇다.

A라는 물품을 산출, 채집하는 공동체 X의 구성원과
B라는 물품을 산출, 채집하는 공동체 Y의 구성원이 만

나 A와 B를 물물 교환한다. 그러나 물물 교환은 불편하므로(X의 구성원이 때마침 B를 원하고 Y의 구성원이 때마침 A를 원하는 "욕망의 이중 일치"가 일어나야만 교환이 이루어지는 데다가, 물건의 종류에 따라서는 보존이 어려울 수도 있으므로) 그 불편을 해소하기 위해서 가치 보존이 가능한 화폐가 발명된다.

그런데 인류학 및 비주류파 경제학 등은 이 이론을 엄격하게 비판한다.

우선 인류학의 식견에 따르면, 미개 사회의 공동체 간 부의 교환은 복잡하고 정밀한 의식을 동반하므로 자본주의 사회의 상품 교환과는 전혀 다르다. 자본주의 사회의 상품 교환은 당사자 사이에 양해만 성립되면 어떤 인간적 관계도 발생하지 않는 것이다. 이 점에서 상품 교환은 호혜나 증여 등 상징적 부채가 발생하는 물물 교환과 전혀 다르다. 복잡한 절차와 의식이 다수 동반되는 미개 사회의 물물 교환에서도 결과적으로 같은 양의 부를 서로 주고받을 수는 있다. 하지만 미개 사회의 교환은 거래가 완결된 순간 당사자 사이의 인간

관계(인연)가 끊어지는 상품 교환과는 전혀 다른 원리로 이루어진다는 것이 인류학자들의 견해이다.

또 인류학자들은 "경제학 신화"가 사실이라면 물물 교환은 이루어지면서 화폐가 아직 등장하지 않은 미개 사회가 지구상 어딘가에 있어야 하는데 아직 그런 사회는 발견되지 않았다고 말한다. 다시 말해서 경제학의 신화가 상정하는 미개 사회, 즉 물물 교환으로 사실상 상품 교환이 이루어지는 미개 사회란 전혀 다른 원리로 움직이는 사회에 자본주의 사회의 시각을 투영한 것에 불과하다는 말이다.

다른 한편 마르크스가 이끄는 비주류파 경제학에서도 화폐의 수수께끼를 무시하고 화폐의 권력성을 부정한다며 "경제학 신화"를 비판해왔다.

"경제학 신화"가 상정하는 세계에서는 화폐 자체에 아무런 가치가 없다. 왜냐하면 화폐를 단순히 편리성을 위해서 존재하는 수단으로 간주하고, 부의 본래 가치를 표상하거나 대행하는 매체로만 여기기 때문이다. 노동 가치설에 따르면 가치의 정체는 노동이다. 그러나

이 모든 주장이 사실이라면 사람들은 왜 화폐에 대해 격렬한 욕망을 느끼는 것일까? 왜 화폐를 열광적으로 추구할까? 마르크스는 화폐를 분석하여 화폐에 깃든 이런 마력의 기원을 해명하려고 했다.

상품의 사회계약인 화폐

| 토머스 홉스와의 대비

따라서 마르크스가 전개한 가치 형태론이 상품의 물물 교환으로부터 화폐가 등장하는 과정을 다룬 것처럼 보여도 사실은 이미 자본주의화한(즉 부 일반이 상품인) 사회를 전제로 하고 있다는 사실에 주의해야 한다.

마르크스가 토머스 홉스Thomas Hobbes의 『리바이어던 Leviathan』에 등장한 사회계약설의 영향을 받아 가치 형 태론을 수립했다는 가라타니 고진柄谷行人의 주장(『힘과 교환 양식力と交換様式』)은 어쩌면 맞을지도 모른다.

왜냐하면 사회계약설도 현재 존재하거나 혹은 존재

할 법한 국가(특히 민주국가)의 질서를 설명하기 위한 논리이므로 경험의 차원에서는 찾아볼 수 없기 때문이다. "나는 몇 년, 몇 월, 며칠에 어디에서 누구와 사회계약을 맺었습니다"라고 말할 수 있는 인간은 존재하지 않는 것이다. 사회계약이란 인민주권국가에서 주권이 인민의 의지에 근거를 두는 이유를 논증할 때 논리적으로 상정되는 계약에 불과하다.

마르크스 역시 화폐가 활발히 유통되는 현실에서부터 상품 간 교환 관계를 상정하여 가치 형태론을 전개한 것이 아닐까? 그렇다면 마르크스가 제시하는 "X 분량의 상품 A = Y 분량의 상품 B"라는 "단순한 가치 형태"는 상품 A와 상품 B의 직접적 교환 가능성을 나타낼 뿐, 그런 교환이 실제로 이루어진다는 뜻은 아닌 셈이다. 앞에서 1만 원짜리 책과 10만 원짜리 선풍기의 예를 들었지만, 우리가 "책 10권"과 "선풍기 1대"를 실제로 교환하는 일은 거의 없을 것이다. 그래도 우리는 상품에 둘러싸여 살면서 항상 의식적으로 혹은 무의식적으로 이런 가치 비교를 반복한다. 월세를 100만 원씩 내고 사는 사람이라면 100만 원짜리 코트를 고를 때 "한 달치 월세"라고 생각하기 마련이다.

즉 인민주권국가의 국민이 법이나 제도, 정책을 검토할 때마다 아무도 경험하지 못한 "인민 간의 사회계약"을 기준으로 삼는 것과 마찬가지로, "단순한 가치 형태" 역시 화폐를 통한 다양한 매매 활동에서 사람들이 내면적으로 수행하는 가치 비교의 기준이라고 생각할 수 있다.

마르크스는 "X 분량의 상품 A = Y 분량의 상품 B"라는 "단순한 가치 형태" 안에 "모든 가치 형태의 비밀"이 숨겨져 있으며, "그 분석은 매우 어려운 일"(앞의 책)이라고 말한다. 다시 말해 이 등식에서 화폐와 자본이 생겨난다는 것이다.

이때 상품 A와 상품 B는 가치가 같으므로 어느 쪽도 우위가 아닌 듯 보인다. 그러나 마르크스는 첫 번째 상품, 즉 상품 A는 "상대적 가치 형태"를 띠고 두 번째 상품, 즉 상품 B는 "등가 형태"를 띤다고 구분한다. 이것은 능동과 수동의 관계이다. 첫 번째 상품은 자기의 가치를 표현하는 한편, 두 번째 상품은 다른 상품의 가치를 표현할 때 쓰이는 재료에 불과하다는 뜻이다. 상품 B의 가치는 적극적으로 표현되지 않는다. 다만 상품 A도 자기의 가치를 스스로 표현하지 못하므로 자신을 다른 상품과 비교하여 가치를 표현해야 한다. 나중에 자세히 이야기하겠지만 여기에도 중요한 의미가 숨어 있다. 지금은 "등가 형태"를 띠는 상품이 가치의 거울이 되기 때문에 화폐가 성립한다고만 말해두겠다.

또 마르크스는 "상대적 가치 형태"와 "등가 형태"는 가치 표현이라는 점에서 공통되면서도 상호 대립한다고 말한다. 어떤 상품도 가치를 표현할 때 능동적 지위와 수동적 지위를 동시에 차지할 수 없기 때문이다. 그리고 모든 상품은 자기 가치를 표현하기 위해서 능동적 지위(상대적 가치 형태)를 차지하고자 서로 경쟁한다고 설명하는데, 이 "서로 경쟁한다"는 말은 홉스의 자연 상태의 개념(만인의 만인에 대한 투쟁)을 연상시킨다.

마르크스의 이론과 홉스의 이론은 다른 지점에서도 대비된다. 홉스가 상정한 "자연 상태"는 이론적 허구였지만, 혁명과 내전, 혼란이 끝없이 이어지는 당시 영국의 역사적 현실과 불가분의 관계이기도 했다. 그런 상황에서 홉스가 떠올린 개념이 "만인의 만인에 대한 투쟁"이었다.

이와 마찬가지로 마르크스의 가치 형태론 역시 화폐의 역사적 생성 과정을 말해준다. 역사를 보면 조개껍데기, 돌, 직물, 가축, 곡물 등 다양한 소재가 화폐로 쓰였다. 이 사실에 기반하여 마르크스는 이렇게 말했다.

일반적 등가 형태는 가치 일반의 형태이다. 따라서 어떤 상품에든 부여될 수 있다. (앞의 책)

즉 임의의 상품이 화폐가 될 수 있다는 것이다. 이것을 추상적인 논리로 전환하면 "Z 분량의 상품 A = U 분량의 상품 B 또는 = V 분량의 상품 C 또는 = W 분량의 상품 D 또는 = X 분량의 상품 E 또는 = 기타"라는 "총체적 가치 형태"가 도출되는데, 이것은 어떤 상품이든 화폐가 될 가능성이 있음을 시사한다.

화폐에 대한 전면적 복종

그러나 가치 형태론은 "총체적 가치 형태"에서 "일반적 가치 형태"로 이행되는 순간 본질적인 의미에서 홉스의 논리와 가장 가까워진다. 『리바이어던』의 "자연 상태에서 벗어날 계약"에는 모든 사람이 자기 이익을 위해서 살인, 강도 등 무슨 짓이든 할 수 있는 권리인 자연권을 포기하는 장면이 나온다. 그리고 사람들은 주권국가인 리바이어던을 수립하여 자신들의 폭력 행사권을 모두 이양한다.

마르크스는 "일반적 등가 형태"의 성립을 이렇게 설명했다.

일반적 가치 형태는 오로지 상품 세계의 공통 사업으로 성립된다. 한 상품이 일반적 가치 표현을 획득하는 것은 그저 동시에 다른 모든 상품이 그 가치를 동일 등가로 표현하고 있기 때문이다. 그러므로 새로 등장하는 상품도 모두 이것을 흉내 내야 한다. (앞의 책)

여기에서는 "일반적 가치 표현을 획득한" 상품을 아마포로 상정했다. 이 아마포가 일반적 가치 표현을 획득한 것은 다른 모든 상품이 자기 가치를 반영하는 공통의 거울로 아마포를 활용하기 때문이다. 이로부터 파생되는 효과는 복잡하다. 일단 다양한 상품 중 아마포만이 자기 가치를 능동적으로 표현할 권리(상대적 가치 형태의 지위를 차지하는 것)를 포기한다. 한편 다른 모든 상품은 자기 가치를 만족스럽게 표현할 척도를 얻는다. 아마포는 완전히 수동적인 지위로 밀려나고 다른 모든 상품은 능동적 지위를 확보한다. 그러나 바로 다음 순간 지위가 역전되어 일반적 등가 형태를 띠는 상품이 우위에 선다. 왜냐하면 그 상품이 화폐가 되었기 때문이다. 화폐가 있으면 어떤 상품이든 살 수 있지만(교환할 수 있지만) 다른 상품은 화폐 소지자가 원하지 않는 이상 화폐와 교환되지 않는다.

각각의 상품이 "상품 세계의 공통 사업"으로서 단 하나의 상품에 등가 형태를 부여한다. 이것은 홉스의 책에서 폭력을 행사할 권리인 자연권을 각 사람이 스스로 포기하는 행위에 해당한다. 여기서 각 사람은 자연권을 포기하는(다시 말해서 자신의 이익 추구를 단념하는) 대신 리바이어던의 보호를 받으며 리바이어던에게 복종할 의무를 받아들인다. 이와 마찬가지로 각각의 상품은 자기 가치를 표현하기 위한 안정적인 매체를 얻는 대신 화폐에 전적으로 복종하게 된다.

상품의 물신적 성격

역사상 가장 흔한 "일반적 등가물"은 귀금속, 그중에서 도 금이었다. 금 덕분에 가치의 실체이자 본질인 "추상 적 인간노동"이 그에 걸맞은 현상 형태를 획득할 수 있 게 되었다. 멸시받고 천대받았던 노동이 빛나는 현상 형태를 감싸게 된 것이다.

그러나 마르크스는 이 상황을 장밋빛으로만 그리지 않았다. 그래서 『자본론』에서 화폐의 생성, 즉 상품을 통한 사회계약의 성립을 설명한 직후에 "상품의 물신적 성격과 그 비밀"을 털어놓기 시작한다.

하나의 상품은 얼핏 보면 당연하고 평범해 보인다. 하지만 분석해보면 상품이란 극히 까다로울 뿐만 아니라 형이상학적 그럴싸함과 신학적 비뚤어짐으로 가득한 존재임을 알 수 있다. (앞의 책)

그리고 나무로 만든 책상을 예로 든다.

책상이 나무로 만들어졌으며 평범하게 감각적인 물건이라는 사실에는 변함이 없다. 그러나 책상은 상품이 되는 순간 초감각적인 물건으로 변한다. 책상은 이제 다리로 바닥에 서 있을 뿐만 아니라 다른 모든 상품과는 달리 머리로 서 있기도 한다. 그리고 그 나무토막으로 허무맹랑한 생각을 펼치는데, 이것은 책상이 스스로 춤을 추는 것보다 훨씬 더 불가사의한 일이다. (앞의 책)

단순히 유용한 물건일 때에는 전혀 불가사의하지 않

앉던 책상이 상품이 되면 "머리로 서고" "허무맹랑한 생각을 펼친다"라고 되어 있다. 이것은 구체적으로 어떤 뜻일까? 마르크스는 여기서 종교적 환상을 언급하면서 "거기서는 인간이 머릿속에서 만들어낸 것이 마치 독립된 생명을 가지고 활동하는 것처럼 보인다"라고 말했다. 그리고 이렇게 덧붙였다.

상품 세계에서도 인간의 생산물이 그대로 보이는 것이다.
(앞의 책)

여기에는 마르크스가 초기에 썼던 소외론의 언어가 응용되었다. 마르크스는 소외론에서도 "원래 인간노동의 산물이었던 상품과 자본이 인간을 지배하게 되었다"라고 지적했는데, 여기에서도 "추상적 인간노동의 산물인 상품과 상품 가치의 결정체인 화폐와 자본이 흡사 생명이 있는 것처럼 활동하며 종교적 주물처럼 인간을 지배하게 되었다"라고 지적한다.

마르크스는 이어서 이렇게 말한다.

상품 세계의 이 물신적 성격은……상품을 생산하는 노동의 독특한 사회적 성격에서 기인한다. (앞의 책)

이 "독특한 사회적 성격"이란 무엇일까? 마르크스는 아리스토텔레스가 가치 형태를 발견하고도 그것을 탐구하지 않고 내버려두었다는 점에 주목했다. 아리스토텔레스는 "깔개 5개 = 집 한 채"란 "깔개 5개 = 화폐 일정액"과 같다고 말을 꺼내놓고 다음과 같이 논의를 중단했다.

그렇지만 이렇게 종류가 다른 물건들 사이에서 공통분모를 찾는 일, 즉 질적인 공통점을 찾는 일은 사실상 불가능하다. (앞의 책)

마르크스였다면 당연히 "종류가 다른 물건에도 공통분모가 있다"라고 했을 것이다. 깔개든 집이든 인간의 노동으로 만들어지기 때문이다. 아리스토텔레스는 왜 그 생각을 하지 못했을까?

노예노동으로 움직이는 그리스 사회는 인간과 그 노동력의 부등不等을 자연적 기초로 삼았기 때문이다. (앞의 책)

그렇다면 반대로 "사회적 부 = 상품"이 된 근대 자본주의 사회에서는 모든 재물의 가치에서 공통분모를 찾을 수 있다. 그 공통분모가 바로 "추상적 인간노동", 즉 상품화된 인간노동이다. 마르크스 이전의 노동 가치설은 가치의 본체를 노동으로 규정하면서도, 노동력이 상품화되어야만 노동이 공통분모가 된다는 점까지는 알아내지 못했다. 마르크스는 이런 점에서 노동 가치설을 비판적으로 계승하는 데 성공했다고 할 수 있다.

충동으로서의 자본
| 화폐를 저장하는 자들의 도착적 욕망

근대 사회에서는 만인이 평등하지만, 그 평등은 상품 소유자로서의 평등이다. 따라서 모두가 상품 물신, 화폐 물신, 자본 물신 아래에서나 평등할 뿐이다. 그런데 홉스가 국가를 거대 괴수, 즉 리바이어던으로 표현하며 그 불길한 힘을 강조했던 것처럼 이 물신에게도 강력한 지배력이 있다. 마르크스는 그 힘을 다음과 같이 표현했다.

상품을 교환 가치로, 교환 가치를 상품으로 확보하고 싶은 마음과 더불어 황금을 향한 욕망이 싹트기 시작한다. 상품 유통이 확대될수록 언제든 유용한 수단이자 사회적 부의 절대적 형태인 화폐의 힘이 점점 강해진다.……화폐는 그 자체로 상품이면서 외적인 물건이므로 모든 사람의 사유 재산이 될 수 있다. 이런 식으로 화폐의 사회적 능력까지 사적 개인의 사적 능력이 된다. 따라서 고대 사회는 화폐를 경제적, 도덕적 질서의 파괴자라고 비난했다. (앞의 책)

화폐는 물질적으로는 금속 덩어리나 종잇조각에 불과하지만 "상품 간의 사회계약"에 따라서 "사회적 능력"을 발휘할 수 있다. 그리고 사유 재산이 된 화폐는 "사적 개인의 사적 능력"이다. 따라서 화폐를 좇으려는 충동이 끝없이 강해져서 "화폐 저장"이라는 도착적 욕망으로 변하기도 한다. 원래는 다른 구체적 욕망을 채우기 위해서 화폐를 추구하는 것이 정상이지만, 화폐 자체에 대해서 욕망을 느끼는 사람이 생기는 것이다. 앞의 인용문에서 마르크스가 말했듯이 전근대 사회는 세계 어디에서나 종교적, 혹은 비종교적 규범을 유지하며 금전욕을 경계하고 이런 화폐 도착 성향을 비판했다. 하지만 자본주의 사회에서는 이 규범이 무효가 되었다. 개인 수준의 인생 교훈으로는 그 나름의 영향력이 남아 있을지 모르지만, 사회 구조 수준에서는 아무런 효과를 발휘하지 못한다.

그런데 화폐를 쓰지 않고 축적하는 자들은 오로지 욕망을 좇으면서도 독특한 금욕 성향을 보인다.

화폐를 쌓아두는 자는 황금을 위해서 자신의 육욕을 희생한다. 그는 금욕의 복음에 충실하다.……근면, 절약, 인색

함이 그의 주요 덕목이다. 많이 팔고 적게 사는 것이 그의

최고 경제학이다. (앞의 책)

이 부분은 막스 베버Max Weber의 저서 『프로테스탄트

윤리와 자본주의 정신Die Protestantische Ethik und der Geist des

Kapitalismus』을 연상시킨다. 베버는 모든 사회 현상을 하

부 구조(경제적인 것)로 환원하기 쉬운 마르크스주의에

반대하여 관념적인 것(여기에서는 종교를 일컫는다)의 역

할을 강조했다. 그리고 직업 생활에서 성공함으로써 자

신이 구원받을 것을 확신하는 개신교 신앙의 영향으로

사회에 합리적이고 근면한 생활 태도가 등장한다고 말

했다. 또한 이런 생각이 무한한 자본 축적을 지향하는

"자본주의 정신"과 결과적으로 합치했기 때문에 개신

교 권역에서 자본주의가 크게 발전하게 되었다고 주장

했다. 베버는 이런 생활 태도를 "세속의 금욕"이라고 불

렀다.

화폐를 저장하는 자들이 실천하는 "자본주의 정신"

도 금욕적이다. 그들은 재물의 유용성을 누리지 않고

추상적인 "가치"의 축적에 전력투구한다.

물론 베버도 지적했듯이, 이 "구제냐, 파멸이냐"라는 공포로 지탱되는 근면함은 처음의 긴장감을 계속 유지하지 못하므로 치부에 성공한 자본가를 사치에 빠뜨릴 수도 있다. 실제로 현대 사회를 둘러보면 그런 사례가 허다하다. 그러나 화폐를 쌓아두는 이들의 도착적 욕망은 자본 자체의 욕망이자 자본주의 사회의 욕망이라는 점이 중요하다. 그래서 자본주의 사회는 무한히 부를 지향하면서도 그 근저에는 금욕성과 인색함이 스며 있다. 베버가『프로테스탄티즘의 윤리와 자본주의의 정신』의 뒷부분에서 "쇠의 감옥"이라는 표현을 통해 근대 사회를 통렬히 규탄한 것도 그 때문이다. 껍데기만 남은 "금욕" 때문에 인간 사회가 자본의 가치 증식 욕망에 전적으로 복종하게 된 데다가, 그런 사회에 적응해버린 근대인들이 실제로는 도착적일 뿐인 자신의 정신 상태를 합리적이라며 자랑하는 것을 보고 분노가 치민 것이다.

자본의 정의

| 무한하고 끊임없는 가치 증식 운동

『자본론』의 다음 부분은 "자본의 생성 과정"이다. 단순하게 말해 "가치가 M – C – M′ 운동을 거치면 자본이 된다(M = Money, C = Commodity, [′]은 증가한 만큼의 가치)"라고 말할 수 있다. 가령 100만 원의 자금(M)으로 어떤 상품(C)을 구입해서 그 상품을 150만 원에 매각하면 150만 원(M′)이 수중에 들어온다. 이때 추가된 50만 원의 가치를 "잉여 가치"라고 한다. 이 잉여 가치를 재투자하면 더 많은 잉여 가치를 획득할 수 있다. 이런 지속적이고 무한한 가치 증식 운동이 가치를 "자본"으로 만든다.

금융 자본도 마찬가지이다. 100만 원을 빌려주고 150만 원을 변제받았다면, 가치의 운동은 M – M′이며 여기서 발생한 잉여 가치(M′)는 50만 원이다.

이런 가치 증식 운동이 가능한 것은 "차이"가 존재하기 때문이다. 당연한 말이지만 100만 원짜리 상품을

150만 원에 살 사람은 없다. 그러므로 "싸게 사서 비싸게 파는 일"은 일반적으로는 불가능하다. 그러나 이런 일이 가능해질 때가 있다. 대표적인 예가 원거리 무역이다. 어떤 곳에서 흔하고 저렴한 물건이 멀리 떨어진 다른 곳에서는 희소하고 비싸다면(반대 경우도 가능하다), 그 물건을 싸게 사서 비싸게 팔 수 있다. 이때 잉여 가치를 실현한 것은 두 가치 체제의 공간적 차이이다. 금융도 마찬가지이다. 빌리는 사람은 현재의 100만 원과 미래의 150만 원을 교환하는 것이고 빌려주는 사람은 그 덕분에 잉여 가치를 얻게 된다. 이 경우에 잉여 가치를 실현한 것은 현재와 미래의 시간적 차이이다.

이 내용을 참고하여 산업 자본의 가치 증식 운동을 다음과 같이 공식화할 수 있다.

$$M - C \cdots\cdots P(Pm + L) \cdots\cdots C' - M'$$

P는 Production(생산), Pm은 Production Method(생산 수단), L은 Labor(노동력)를 나타낸다.

풀어서 설명하면, 최초 자금 M으로 생산 수단, 즉 공장 등의 설비와 원료, 노동력을 사들인 다음 생산 수단과 노동력을 조합하여 새로운 상품(C´)을 생산하고 판매하면 자본가의 손에 돈이 다시 들어오는 흐름이다.

예컨대 최초의 자금이 1억 원이었다면 최후의 M´는 반드시 1억 원 이상이어야 한다. 그렇지 않으면 잉여 가치가 발생하지 않으므로 가치 증식이 실패로 끝난다. 현실에서도 이런 실패가 실제로 빈번하게 일어난다.

잉여 가치가 생기려면

여기에서 주목해야 할 점은 이 모든 과정이 등가 교환을 통해서 진행된다는 것이다.

그러나 원거리 무역이나 금융 자본의 예에서는 잉여 가치가 공간과 시간의 차이에 기초한 부등가 교환으로 창출되었다. 가치 증식은 원래 이런 부등가 교환이 없이는 불가능하다.

그런데 산업 자본 공식에서는 원료, 생산 설비, 노동력까지 전부 자신의 가치 그대로 등가 매매된다고 상정한다. 원료 비용과 생산 설비 비용도 그 금액 그대로 상품 가치로 변환된다. 그 과정에서 가치는 한 푼도 늘어나지도 줄어들지도 않는다. 그렇다면 잉여 가치는 어디서 생기는 것일까?

마르크스는 L(노동력) 외에는 답이 없다고 말한다. 노동력 또한 해당 가치(교환 가치) 그대로 교환되지만, 노동자가 생산하는 가치가 노동력의 교환 가치를 웃돌기 때문에 M′가 실현된다는 것이다. 다시 말해서 구체적인 유용노동(노동력 상품의 사용 가치)이 생산하는 가치가 노동력의 교환 가치(추상적 인간노동의 차원)보다 높을 때 잉여 가치가 생겨난다.

이때 노동력의 가치(교환 가치, 단순히 말해 임금)는 어떻게 정해질까? 마르크스는 리카도가 제창한 "임금의 생존비설"(임금 수준이 노동자의 생존비에 따라 결정된다는 학설/역주)을 받아들였다. 이 이론에 따르면 노동 임금은 노동자를 생존시키고 그들의 노동력을 증감 없이 유지하는 데에 필요한 최저 수준으로 정해진다. 즉 자본가가 노동자를 너무 착취하면 결국 노동자가 절멸하여 착취할 대상이 사라지게 되므로 노동자가 다음 날에도 일하러 나올 수 있고 자손도 남길 수 있는 최저 수준으로 임금이 정해진다는 것이다.

『자본론』 제8장 "노동 시간"에 당시 노동자 계급의 비참한 생활상이 풍부한 자료와 함께 자세히 묘사되어 있는데, 거기서 유추할 수 있는 "최저 수준"은 몹시 낮다. 아슬아슬하게 죽지 않는 수준이므로, 재산 축적 따위는 꿈도 꿀 수 없었을 것이다.

이 "최저 수준"을 결정하기는 사실 매우 어렵다. 어느 정도의 생활을 "최저 수준"으로 간주하느냐가 개인과 국가, 시대에 따라 다르기 때문이다. 마르크스도 필요 수준을 결정하는 절대적인 기준은 없다며 이렇게 말했다.

소위 필요나 욕망의 범위는 그 충족 방법과 마찬가지로 그 자체가 역사적인 산물이므로 대부분 그 나라의 문화 단계에 따라서 정해진다. (앞의 책)

그러나 다른 한편으로는 이렇게 말하기도 했다.

특정한 나라의 특정한 시대에는 필요한 생활 수단의 평균 범위가 정해져 있다. (앞의 책)

이렇게 정해진 노동력의 교환 가치를 웃도는 가치를 노동력 상품이 생산하면 잉여 가치를 창출할 수 있다.

구분이 불가능해진
자신을 위한 노동과 자본가를 위한 노동

이렇게 잉여 가치의 개념을 밝힌 후, 마르크스는 잉여 가치를 두 종류로 나누어 분석했다. 바로 "절대적 잉여 가치"와 "상대적 잉여 가치"이다.

이 개념을 설명하기 위해서 마르크스는 노동 시간을 "필요 노동 시간"과 "잉여 노동 시간"으로 나누었다. "필요 노동 시간"은 노동력의 "교환 가치", 즉 임금에 상당하는 가치를 생산하는 시간이다. 예를 들면 한 노동자가 하루 8시간을 일해서 10만 원을 버는데, 하루 동안에 20만 원의 가치를 생산한다고 하자. 이 사람은 총 노동 시간의 절반인 4시간 동안은 10만 원의 가치를 생산하고 나머지 4시간 동안 10만 원의 잉여 가치를 생산한다. 마르크스는 전체 노동 시간 중 임금(노동력 상품의 교환 가치)에 상당하는 시간을 "필요 노동 시간"으로 명명하고, 임금 이상의 가치를 생산하지만 대가를 받지 못하는 시간을 "잉여 노동 시간"으로 명명했다. 잉여 가치는 바로 이 잉여 노동 시간에 창출된다.

이 노동자의 경우 총 노동 시간의 절반이 임금을 지불받는 "필요 노동 시간", 나머지 절반이 임금을 지불받지 못하는 "잉여 노동 시간"이므로 4시간만 일하면 착취를 피할 수 있다고 생각할지 모른다. 그러나 현실에서 그런 행동은 불가능하다. 자본가는 그에게서 8시간만큼의 노동력을 구매했기 때문이다.

이 이야기에는 단순히 상식을 확인하는 것 이상의 의미가 있다. 노동력이 그 가치대로 등가 교환되는데도 여전히 타자를 위한 무상 노동이 발생하고, 타자의 노동을 무상으로 착취하는 일이 일어나기 때문이다. 이것이 자본주의 사회가 전근대 사회와 다른 점이다.

노예제 사회에서 노예의 노동은 전부 주인을 위한 것이었다. 그러나 실제로는 노예의 노동 중에도 자신을 위한 노동이 포함되어 있었다. 그렇지 않으면 노예가 생명을 유지할 수 없기 때문이다. 그러나 노예는 전인격적으로 주인에게 속해 있으므로 자신을 위한 노동까지 타자를 위한 노동으로 간주한다. 한편 봉건제 사회에서는 피지배자인 생산자의 노동이 공간과 시간에 따라서 자신을 위한 노동과 윗사람인 타자(영주)를 위한 노동으로 나뉜다. 자신을 위한 노동과 타자를 위한 노동이 구분된 덕분에 이런 사회에서는 노예제 사회보다 피지배자의 인격적인 독립성이 높았다.

이에 비해 자본주의 사회의 임금노동자는 자본가에게 인격적으로 지배당하지 않는다. 전근대 사회에서 정치적 지배와 경제적 착취가 혼연일체였던 것과는 반대로 자본주의 사회에서 노동자와 자본가는 인격적으로 대등하므로 노동 계약서에도 "자본가에게 봉사한다"라는 문구가 없다.

그러나 바로 그 점 때문에 자본주의 사회에서는 노예제 사회와 정반대의 착각이 일어난다. 노동자의 노동 전부가 "자신을 위한 노동"으로 취급되는 것이다. 마르크스도 "필요 노동 시간"과 "잉여 노동 시간"의 개념을 설명하면서 이 점을 지적했다. 자본주의 사회는 노동자에게 노예제 사회와는 정반대의 임금노동 의식을 심어 주면서 노동자가 자신을 위한 노동과 타자(자본가)를 위한 노동을 구별하지 못하도록 두 가지를 일체화해버렸다.

가혹한 착취
| 절대적 잉여 가치

자본은 잉여 가치를 되도록 많이 생산하고 획득하려고 한다. 잉여 가치를 늘리기 위해서 잉여 노동 시간의 길이, 즉 노동 시간을 연장하여 "절대적 잉여 가치"를 늘릴 수도 있다.

그러나 이 방법의 한계는 명백하다. 하루가 24시간으로 한정되어 있는데 노동 시간을 너무 길게 늘이면 노동자들이 피폐해져서 노동 계급 인구를 재생산하지 못하기 때문이다. 실제로 산업 혁명 당시에는 영국의 공장에서 성인은 물론이고 청소년과 아동에게까지 하루 16시간이라는 초장시간 노동을 강요한 때가 있었다. 그러자 마르크스가 "노동 시간" 장에서 지적한 것처럼, 노동자 계급에서 심신 양측의 기형이 늘어나 노동력 재생산이 어려워졌다. 영국은 이 위기에 대처하기 위해서 아동의 노동과 장시간 노동을 규제하는 공장법을 제정했다. 노동자 계급의 열화와 쇠퇴는 자본가에게도 큰 위험이었기 때문이다.

참고로 이런 명백한 착취가 산업 자본주의 초기의 전유물이라고 생각한다면 착각이다. 오늘날의 일본에서도 장시간 노동 문제는 여전히 제기되고 있으며, 이에 따라 "노동 방식 개혁" 등의 정책이 강구되고 있다. 한편 저출생 문제가 심각해지면서 노동자 계급의 재생산도 점점 어려워지고 있다. 개발도상국에서는 산업 혁명기와 비슷한 장시간 노동이 버젓이 통용되고 있으며, 선진국은 그런 노동 조건을 거부할 수 없는 노동자들을 개발도상국으로부터 수입하고 있다. 이런 현상을 보면 절대적 잉여 가치를 확대하려는 의도가 형태를 바꾸어가며 자본주의 체제를 계속 좌지우지하고 있다는 사실을 알 수 있다.

상대적 잉여 가치와 생산력 향상

또 하나의 잉여 가치, 즉 "상대적 잉여 가치"는 총 노동 시간 중 잉여 노동 시간을 늘려서 얻을 수 있다. 그러기 위해서는 더 짧은 시간에 필요 노동 시간만큼의 가치를 생산해야 한다. 앞의 예와 똑같이 하루 8시간 일하고 10만 원을 받으면서 4시간 만에 노동력 상품 교환 가치(임금)와 동일한 가치를 생산하는 사람을 생각해보자. 만약 이 사람이 4시간의 절반인 2시간 만에 필요 노동 가치를 생산한다면, 나머지 6시간이 잉여 노동 시간이 된다. 잉여 노동 시간이 2시간 늘어나는 것이다. 그러면 2시간 만에 10만 원의 가치가 생산되므로 전체 생산 가치는 40만 원이 되고 잉여 가치는 10만 원에서 30만 원으로 늘어난다.

생산력을 향상하면 이처럼 더 많은 가치를 생산할 수 있다. 분업, 협업, 기계화, 기술혁신, 조직 합리화 등 생산력을 높이는 모든 수단이 상대적 잉여 가치를 늘리는 데 도움이 된다. 따라서 한마디로 말하면, 상대적 잉여 가치란 생산력 향상으로 얻을 수 있는 잉여 가치이다.

현재 가치와 미래 가치의 차이
| 특별 잉여 가치

당연한 말이지만, 고도로 발달한 자본주의 사회에서는 생산력 향상을 통한 잉여 가치 생산과 획득이 가장 중요하다. 그러나 마르크스가 상대적 잉여 가치의 일종으로 제시한 "특별 잉여 가치" 역시 중요하다. 마르크스는 이 개념을 소개하면서 자본주의 사회가 상대적 잉여 가치를 획득하기 위해서 반드시 생산력 확장, 생산성 향상의 영구 운동으로 내몰리게 될 것이라고 밝혔다.

마르크스의 정의에 따르면 "특별 잉여 가치"란 기술 혁신으로 획득하는 일시적 잉여 가치이다. "일시적"이라고 말하는 이유는 특정 자본이 실현한 기술혁신이 완전경쟁하에서는 금세 모방을 당하기 때문이다. 어떤 기업이 획기적인 신기술로 비용을 대폭 절감하는 데에 성공해서 기존 시세의 절반 가격으로 신제품을 출시했다고 가정하자. 그 제품은 날개 돋친 듯 팔리겠지만, 머지않아 동종업계의 다른 회사가 그 신기술을 모방하여 따라올 것이다. 이렇게 되면 "절반의 가격"은 새로운 시세로 정착될 것이고, 매출도 다른 기업과 엇비슷해진다. 따라서 그 기업은 상대적 잉여 가치를 얻기 위해 또 다른 신기술을 개발하거나 생산성을 한층 더 높여야 한다. 이런 식으로 기업 간의 끝없는 경주가 이어지게 되는 것이다.

자본의 개념을 설명하면서 "잉여 가치는 차이에서만 생겨난다"라고 말했는데, 여기에서도 마찬가지로 차이에서 잉여 가치가 창출된다. 상대적 잉여 가치를 계속 추구하기 위해서 생산력을 끊임없이 높여야 하는 자본주의 사회에서는 "같은 상품의 가치는 계속 하락한다"라는 사실을 누구나 경험적으로 알고 있다(여기에서는 자원 가격 등락 등의 요인은 고려하지 않는다). 따라서 어떤 가전제품이 지금 100만 원에 팔린다면, 몇 년 후에 성능이 엇비슷한 가전제품의 가격은 그 이하가 될 것이다. 신제품에 비해 기존 제품의 가치가 떨어지기 때문이다.

따라서 특별 잉여 가치는 현재의 가치와 미래의 가치 사이의 차이에서 생긴다는 사실을 알 수 있다. 현재 100만 원의 가치가 있는 상품도 몇 년 후에는 그 가치가 10만 원으로 떨어질 수 있다. 성능이 변하지 않았는데도 가치는 떨어진다. 왜냐하면 상품의 가치가 다른 상품과의 관계로 결정되기 때문이다.

상품이 만들어내는 가치는 생산력 향상으로 갱신된다. 그러므로 신기술을 먼저 선보인 기업이 미래의 가치를 선취할 수 있다. 그리고 마르크스는 이 선취 행위에 주어지는 보수를 "특별 잉여 가치"라고 불렀다.

자본이 욕구 불만을
만들어낸다

지금까지 살펴본 바에 따르면 자본주의 사회가 "끊임없는 생산력 증대, 생산성 향상"으로 치닫는 본질적인 이유는 자본 자체의 내재적 충동인 가치 증식의 욕구에 있다. 인류의 역사적 경험에 비춰보더라도, 근대 자본주의 시대에 생산력 증대를 위한 기술 발전이 다른 시대와는 비교도 되지 않을 만큼 급격해졌다.

이처럼 명확히 밝혀진 자본의 충동과 생산성 향상의 관계는, 생산력 증대를 겨냥한 기술혁신이나 발명의 최종 목표가 인간의 행복이 아니라는 점을 시사한다. 근대 자본주의 사회가 이만큼 생산력을 증대한 덕분에 인간의 생활이 쾌적하고 안전해진 것은 사실이다. 그 효과는 누구도 부정할 수 없다. 그러나 마르크스의 지적에 따르면 그런 긍정적 효과는 자본의 내재적 논리를 생각하면 소위 부산물에 불과하다.

분명, 사용 가치가 없는 상품은 구매자가 찾지 않는다. 그러므로 기술혁신으로 상품의 새로운 용도를 개발하여 우리의 생활을 풍족하게 할 필요가 있다. 그러나 잘 생각해보면 인간의 풍요와 행복은 자본의 최종 목표가 아니다. 자본은 우리의 행복을 위해서 존재하는 것이 아니다.

20세기 후반 이후 선진국에 "소비 사회"라고 불리는 고도의 자본주의 사회가 탄생한 것이 그 증거이다. "소비 사회"란 "물건"을 소비하고 싶은 욕망 대신 "의미"를 소비하고 싶은 욕망을 사람들에게 불어넣어 소비를 유도하는 사회를 가리킨다. 20세기 후반부터 사람들 대부분이 쾌적하게 살기 위해서 필요한 물품을 거의 다 소유하여 편의성과 쾌적함에 대한 욕망을 대략 채운 상황이었다. 이처럼 사람들이 편리한 물건을 전부 소유하여 행복해지고 "이제는 필요한 것이 별로 없다"라고 느끼는 상황은 자본에 매우 불리하다. 따라서 자본은 거의 무의미한 모델 교체 작업을 반복하고, 쓸데없는 신기능을 부가하며, 광고 선전에 대규모 자금을 투입하여 상품을 브랜드화하는 방식으로 사람들의 욕망을 들쑤신다. 이렇게 자본이 욕구 불만을 만드는 사회가 바로 "소비 사회"이다. 이것만 보아도 자본이 인간의 행복을 지향하지 않는다는 사실을 명확하게 알 수 있다.

자본의 타자성

내가 보기에 마르크스의 자본론이 가진 가장 큰 특징이자 세계를 파악하는 데에서 가장 크게 공헌한 부분은 "자본의 타자성"을 밝힌 것이다. 여기에서 "타자성"이란, 자본이 인간의 도덕적 의도나 행복에 대한 희망과는 전혀 무관하게 자신만의 논리에 따라서 움직인다는 뜻이다. 그런 의미에서 자본은 인류에게 타자이다.

수많은 사람들이 "자본주의가 발전하면서 인류의 생활이 쾌적해졌다", "세계화가 행복을 가져올 것이다"라고 말해왔지만, 이는 헛된 희망이다. 자본은 인간의 희망에 전혀 관심이 없다. 그저 맹목적인 가치 증식 운동을 무한히 반복할 뿐이다. 인간의 행복이 가치 증식에 도움이 된다면 자본도 그 행복을 실현하려고 할지도 모르지만, 반대로 인간의 불행이 가치 증식에 도움이 된다면 자본은 거리낌 없이 그 불행도 활용할 것이다. 20세기 초 마르크스주의자들이 분석했듯이 그 전형적 예가 제국주의 전쟁이다.

자본주의에 타자성이 있다는 것은 자본주의가 악을 저질러도 그 죄를 자본가의 탐욕 등 인격적 차원에서 추궁해서는 안 된다는 뜻이기도 하다. 자본가조차 자본의 탈것에 불과하기 때문이다. 따라서 자본가를 체포해서 전 재산을 몰수하여 나눠주거나 말을 듣지 않는 자본가를 처형한다고 해서 자본주의를 극복할 수는 없다. 소련형 사회주의 체제가 결국 자본주의를 선택할 수밖에 없었던 것(소련의 붕괴, 중국의 개혁개방 노선 선택)도 그 체제들이 인격적 차원에서 자본주의를 비판하고 극복하려다가 실패했기 때문이다.

한편, 자본주의 사회에서는 주식회사 제도가 발달하여 법인이 주식을 소유하게 되었다. 그런데 주식을 소유한 법인의 주식까지 법인 스스로가 소유한다면, 인격으로서의 자본가는 완전히 사라지고 만다. 그러나 자본은 영원히 사라지지 않는다. 그러므로 주식회사 자본주의, 법인 자본주의가 자본의 타자성을 완성하는 셈이다.

자본은 인간 사회에서 생겨났음에도 인간의 의도나 욕망과는 전혀 다른 논리를 따라 작동하다가 결국은 인간의 손을 떠난다. 그래서 마르크스는 혁명을 통해서 자본주의를 파괴하고 극복하자고 주장할 수밖에 없었다. 『자본론』은 혁명이 필요한 이유를 다음과 같이 설명했다.

생산성을 높이려면 인간의 노동력을 기계로 바꿔야 한다. 그러면 생산되는 상품의 가치 중 노동 가치 이외의 부분, 즉 생산 수단과 원료 가치의 비중이 더 커질 것이다. 이런 경향을 "자본의 유기적 구성의 고도화"라고 한다. 이 고도화 과정은 인간의 노동력이 줄어드는 과정이기도 하다. 따라서 사회 전체 자본의 유기적 구성이 고도화하면 실업자가 늘어난다. 실업자가 늘어나면 노동의 공급이 너무 많아지고 임금 수준이 저하되어 노동자 계급이 점점 더 가혹하게 착취당할 수밖에 없다. 그런 의미에서 실업자는 자본에 유리한 존재인데, 마르크스는 이들을 "산업예비군"이라고 불렀다.

한편, 자본가들은 점점 더 격렬하게 잉여 가치 획득 경쟁을 벌이고 강한 자본가는 약한 자본가를 타도하여 몰락시킨다. 이렇게 소수의 자본가에게 부가 집중되다 보면 세계 전체가 자본의 움직임에 휘말릴 것이다. 이렇게 휘말린 지역 또는 국가는 격심한 경쟁과 궁핍에 시달리며 화해 불가능한 수준의 계급 대립을 경험하게 된다.

그리고 어느 순간 어딘가에서 모순이 폭발한다.

자본주의적 사유私有의 종말을 알리는 종이 울리고 수탈하던 자가 수탈당한다. (앞의 책)

아주 인상적인 구절이다. 그러나 지금까지 말했다시피 "수탈자의 수탈"은 자본가를 인격적 차원에서 부정하는 행위일 뿐이므로 이 방법으로는 문제를 해결할 수 없다. 그리고 다른 방법, 더 본질적인 방법을 통한 자본주의 극복을 실현하지 못한 채 인류의 역사는 지금에 이르렀다.

제3장

"포섭"의 개념, "포섭"의 현재

자본주의가
전 지구를 삼킨다

마지막 장인 이번 장에서는 『자본론』에서 제시한 "포섭 subsumption"의 개념을 다룰 것이다. 나는 이 개념이 현대 자본주의 사회를 고찰하는 데에 가장 강력한 도구가 될 수 있다고 생각한다.

마르크스가 말하는 "포섭"은 사회학 등에서 자주 사용되는 "포섭inclusion"과는 뜻이 전혀 다르다. 후자의 "포섭"은 "사회적 포섭social inclusion" 등으로 쓰이는데, 대체로 긍정적인 뜻이다. 사회적으로 주변화한 존재나 일탈한 존재 혹은 일탈하려 만 존재를 사회가 일원으로 받아들이고 적절한 자리를 제공하는 것이 사회학적 의미의 "포섭"이다.

한편 마르크스가 말하는 "포섭"은 무엇인가를 뒤덮고 압박하여 서서히 질식시킨다는 뜻이다. 즉 부정적인 인상을 주는 말이다.

그렇다면 무엇이 무엇을 뒤덮는다는 것일까? 한마디로 자본주의 체제가 인간을 포함한 모든 것, 자연환경을 포함한 전 지구를 뒤덮는다는 말이다. 누구나 자주 쓰면서도 정확한 뜻을 모르는 세계화globalization라는 말도 자본이 전 지구를 포섭하는 현상을 가리킨다.

포섭의 전면성은 한편으로는 자본이 침투하는 영역의 면적 확대로 드러나고, 다른 한편으로는 고도의 질적인 침투, 즉 자본 침투의 심화로 드러난다. 왜냐하면 자본은 상품에서 창출되는데, 이 상품이야말로 우리에게 꼭 필요한 물질대사 과정의 핵심 매개이기 때문이다. 자본은 이렇게 물질대사 과정을 총체적으로 뒤덮어 가치 증식의 수단으로 삼으려고 한다. "지구화" 역시 이런 경향이 강해지는 현상을 말한다.

오늘날 더욱 시급해진 문제는 "이 전면적 포섭이라는 사태가 우리를 어디로 이끄느냐" 하는 것이다. 우리의 마음이 담긴 모든 존재와 자연환경 전체가 자본주의 체제에 포섭되면 어떤 일이 벌어질까?

마르크스는 포섭 단계가 지금보다 훨씬 낮았던 19세기 영국 자본주의 사회를 들여다보며 자본주의를 고찰했다. 과거를 보았는데도 그가 창안한 개념에는 미래에 일어날 일을 꿰뚫어보는 통찰력이 담겨 있다. 『공산당 선언』에서도 말했듯, 자본주의는 봉건 사회를 파괴하고 사람들을 봉건적 구속에서 벗어나게 했다. 그러나 요즘에는 자본주의의 발전이라는 관념이 사람들에게 일종의 폐소공포증을 일으키는 듯하다.

그 이유는 포섭의 개념을 통해서만 밝힐 수 있다. 제2장에서 말했듯이 『자본론』은 "자본의 타자성"이라는 중대한 진실을 밝혔다. 자본은 인간에게 "타자"이므로 본질적인 차원에서는 인간의 사정을 전혀 배려하지 않고 독자적 논리에 따라 움직인다는 것이다.

그리고 자본은 무한 운동을 통해 가치를 증식하는데, 마르크스는 이 가치를 "환영 같은 대상"이라고 불렀다. "환영 같은"의 원어는 "gespenstisch"라는 형용사로, 그 어간인 "gespenst"는 "유령", "망령", "요괴" 등을 뜻한다. 그래서 이 말은 "망령 같은 대상"으로 번역해도 무방하다. 다시 말해 자본은 정체도 모르는 무엇인가를 늘리기 위해 무한히 운동하는 주체이며, 자본주의 사회는 그 기분 나쁜 주체로 뒤덮이고 메워지는 사회이다. 그렇다면 "전면적 포섭"이란 결국 우리의 모든 존재와 자연 전체가 이 정체 모를 주체에 뒤덮인 채 망령 같은 대상을 증식하는 수단으로 전락한다는 의미가 아닐까?

형식적 포섭에서 실질적 포섭으로

| 기계의 일부가 된 노동자

"전면적 포섭"이 현대에 어떻게 드러나는지 알아보기

전에 『자본론』에서 "포섭"의 개념을 어떻게 제시했는지부터 살펴보자. 이 부분은 "상대적 잉여 가치 분석" 직전에 등장한다.

> 상대적 잉여 가치의 생산은 특수 자본주의적 생산 양식을 전제로 하며, 이 생산 양식은 그 방법, 수단, 조건 자체와 함께 처음에는 노동에 대한 자본의 형식적 포섭이라는 기초 위에서 자연적으로 발생하여 점차 자라난다. 이후 노동에 대한 자본의 형식적 포섭을 대신하여 실질적 포섭이 나타난다. (『자본론』)

자본주의적 생산 양식에서는 일단 노동이 자본에 "형식적으로 포섭된다". 이것은 노동력이라는 상품이 상품을 생산하기 시작했으므로 임금노동이 발생한다는 뜻이다. "생산 수단으로부터 자유로워져" 자기 노동력을 자본가에게 팔 수밖에 없어진 상황에서 노동은 "형식적 포섭"의 대상이 된다.

이 과정을 "포섭"이라고 표현하는 이유는 이때 임금

노동자가 좋든 싫든 자본의 증식 운동에 가담하게 되기 때문이다. 그리고 자본가는 노동자에게 상품 생산에 필요한 도구, 원료, 장소를 제공하고 노동 방식을 지도한다. 노동자가 아닌 자본가가 몇 시부터 몇 시까지 일하고 무엇을 얼마나 어떤 방식으로 만들지 결정하는 것이다. 요컨대 노동자에게는 재량권이 없다. 그런 의미에서 노동자의 노동은 자본에 "포섭되어" 있다.

그러나 이런 단순한 고용 상태에서는 노동자가 "형식적으로" 포섭되어 있을 뿐이다. 절대적 잉여 가치를 생산하는 정도라면 그것으로도 충분하지만, 상대적 잉여 가치를 생산하기 위해서는 "실질적 포섭" 단계로 나아가야 한다. 앞에서 살펴보았듯이, 상대적 잉여 가치를 생산하기 위해서는 생산력을 끊임없이 높여야 한다. 노동에 대한 자본의 "실질적 포섭"이란, 이 생산력 증대 활동에 노동자를 끌어들인다는 뜻이다. 결국 노동자는 생산 양식의 끊임없는 변화에 적응해야만 한다. 그렇게 만들어진 노동 방식은 가치 증식 운동의 일부로 깊이 받아들여진다.

상대적 잉여 가치의 생산 방식을 설명하는 『자본론』의 각 장에는 "협업", "분업과 공장 수공업", "기계장치와 대공업"이라는 제목이 붙어 있다. 즉, 생산력을 높이기 위해서는 특정한 생산 공정 또는 업무를 다수의 노동자가 분담한 후에 공정을 점점 세분화하여 분업을 고도화해야 한다는 것이다. 노동이 형식적으로만 포섭된 단계에서는 노동의 구체적인 절차와 내용을 노동자가 자기 재량으로 결정할 수 있었다. 다시 말해서 숙련노동의 진가를 발휘할 여지가 있었다. 그러나 공정이 세세하게 나눠지고 각각의 공정도 단순한 작업으로 분해되면 숙련노동은 의미를 잃는다. 즉 분업의 고도화가 노동자의 자율성을 낮춘다. 이 경향은 공장 수공업에서보다 대규모 기계장치를 활용한 대규모 공장에서 더욱 커진다. 컨베이어 벨트를 활용한 생산 작업에서는 생산의 주체가 이미 인간이 아니라 기계장치가 되고, 인간은 보조적인 노동력으로 전락한다. 노동자가 사실상 기계의 일부가 된 것이다.

이런 노동 단순화, 자율성 상실은 노동자에게 현저한

고통을 초래한다. 자기 재량권의 상실은 정신적인 고통을 유발하고, 단조롭다 못해 기계적인 동작을 쉬지 않고 계속하다 보면 육체적 고통이 발생한다. 상대적 잉여 가치는 노동자의 희생으로 실현되는 셈이다. 그래서 마르크스가 『자본론』제13장 "기계장치와 대공업"에서 지적했듯이 자본에 반발한 노동자가 기계를 공격 대상으로 삼았던 것도 당연하다. 그 대표적 사건이 바로 19세기 초 영국에서 일어난 러다이트 운동(기계 파괴 운동)이었다.

기계는 생산력을 높이기 위해 노동자에게 고통을 줄 뿐만 아니라 살아 있는 인간의 노동을 기계로 치환하여 실업을 초래한다. 실업이 늘어나면 노동자들의 고용 기회가 줄어들고 산업예비군이 늘어나 임금이 전반적으로 하락한다.

따라서 산업 혁명 시대의 노동자들은 기계의 도입뿐만 아니라 생산성을 높이는 모든 변화에 반대하고 저항했다. 이것은 상대적 잉여 가치의 생산에 대한 반대이자 실질적 포섭의 심화에 대한 저항이기도 했다.

포디즘의 시대

| 20세기 이후의 실질적 포섭

마르크스가 목격한 실질적 포섭의 도달점은 자본주의적 생산 양식 내에서의 최종적 포섭, 즉 기계화된 공장 안에서 노동이 기계와 일체화한 모습이었다. 그러나 20세기, 특히 20세기 후반 이후 마르크스의 뒤를 이은 연구자들은 포섭이 생산 과정에서만 일어나는 것도 아니고 끝없이 심화되기만 하는 것도 아니라고 지적하기 시작했다.

생산 과정에서 포섭이 완결된다면 노동자는 공장 안에서는 자본가의 지도를 받아가며 단조롭고 고통스러운 동작을 수행할 수밖에 없지만, 노동 시간 이후에 공장 문을 나서면 자본으로부터 완전히 자유로워진다고 볼 수도 있다. 그러나 실제로 노동자는 퇴근 후에 자신의 노동력 상품을 팔아서 얻은 화폐로 자본이 생산한 다른 상품을 사서 생활한다. 즉 소비 과정에서도 형식적으로 자본에 포섭되는 것이다. 심지어 마르크스는 이 형식적 포섭 이후에 실질적 포섭까지 발생한다는 사실을 깨달았다. 그렇다면 공장을 나선 뒤에도 노동자의 생활이 자본에 실질적으로 포섭된다는 것은 어떤 의미일까?

이것을 알아보려면 19세기 말에서 20세기 초에 걸쳐 일어난 자본 축적의 변화를 되짚어보아야 한다.

19세기의 자본가들은『자본론』에 언급된 것처럼 극도의 장시간 노동을 강요하고 최소한의 임금만 지급하는 식으로 노동자를 가혹하게 착취하여 잉여 가치와 이윤을 극대화하려고 했다. 이윤을 되도록 많이 내려고 하는 자본가로서는 이렇게 최소한의 임금으로 최대한의 생산량을 실현하는 것이 합리적이다.

그러나 모든 자본가가 똑같이 행동한다면 어떻게 될까? 상품은 팔려야만 가치가 실현된다. 그런데 특수한 상품을 제외하고 자본가가 시장에 내놓는 거의 모든 상품의 주요 구매자는 인구 대부분을 차지하는 일반 서민이자 임금노동자이다. 결국 노동자 대부분이 빈곤하고 구매력이 낮은 상황에서는 시장 규모가 줄어들 수밖에 없다. 이에 따라 자본은 시장을 공간적으로 확대하기 위해서 국가에 대외 팽창 정책, 즉 제국주의 정책을 요구하게 되었다. 한편, 유효 수요의 부족은 현저한 수급 격차를 낳고 경제 공황을 초래했다. 이처럼 극단적인 계급 격차와 유효 수요 부족 현상은 극심한 사회 불안을 낳았고, 결국 20세기 전반에 두 번의 세계 전쟁을 부추겼다. 각각의 자본가로서는 합리적이었던 행동이 전체적으로는 자본 축적을 어렵게 만드는 결과를 초래한 것이다.

자본주의는 이 파국의 경험을 교훈 삼아서 제2차 세계대전 이후 전략을 바꾸었다. 존 메이너드 케인스John Maynard Keynes는 일찍이 제1차 세계대전이 끝나고 제2차 세계대전이 일어나기 전에 국가가 재정을 할애하여 수급 격차를 해소해야 한다고 역설했는데, 20세기 후반에는 이미 그러한 사고방식(케인스주의)이 상식이 되어 있었다.

한편으로 미국에서는 20세기 초반에 대중 소비 사회가 실현되었다. 그 새로운 자본주의 사회는 나중에 자동차 회사인 포드 사의 이름을 따서 "포디즘Fordism"으로 불리게 된다. 포드 사는 그때 일종의 발상 전환을 시도했다. 노동자를 저임금으로 착취해서 이윤을 올리는 대신 노동자인 대중에게 구매력을 부여하여 이윤을 올리는 쪽으로 생각의 방향을 바꾼 것이다. 이에 따라 포드 사는 철저한 합리화로 상품 가격을 낮추는 동시에 노동자에게 비교적 높은 임금을 지급하기 시작했다. 한마디로 말해서 대표 상품인 모델 T를 생산하는 공장 노동자에게 자신이 만드는 상품을 살 수 있을 만큼의 임금을 주기로 한 것이다.

포드 사가 앞장서서 도입한 이 새로운 발상 덕분에 전쟁이 끝난 이후 선진 자본주의 국가에서 대중 소비 사회의 시대가 막을 열었다. 노동자 계급이 구매력을 확보하여 중류층이 되자 계급 격차가 줄어들었고, 자본가들도 내구 소비재의 대량 생산, 대량 소비에 힘입은 경제 성장으로 이윤을 늘릴 수 있었다. 덕분에 폭력 (전쟁)을 행사하며 시장을 공간적으로 넓힐 필요도 없어졌다.

자본주의와 사회주의의 동서 대립도 포디즘의 전파에 큰 영향을 미쳤다. "근로자가 주인공인 평등한 나라"를 표면상으로라도 구호로 내건 나라들이 일대 세력을 형성했으니 자본주의 국가들도 진지하게 평등을 추구할 수밖에 없었던 것이다. 그 결과 제2차 세계대전이 끝난 무렵부터 1970년대의 석유 파동 이전까지 자본가와 노동자 계급이 성과를 함께 누리는 포디즘 시대가 이어진다. 이 시대에 많은 나라들이 공중위생 개선, 복지국가 건설, 절대적 빈곤의 대폭 감소 등 중대한 성과를 달성했다.

끊임없는 생산성 향상 경쟁에 내몰리는 노동자

그러나 포디즘이 달성한 성과 이야기는 전체 이야기의 절반에 불과하다. 포섭의 관점에서 당시 일어난 일을 해부해보면 포디즘 이후 노동자의 모든 생활이 자본에 실질적으로 포섭되기 시작한 것이다.

확실히 포드 사는 높은 임금으로 노동자를 후대했다. 그러나 그와 동시에 노동자에게 고분고분한 태도를 요구하기도 했다. 이 회사가 자사 노동자의 행실을 관리하기 위해서 탐정까지 고용했다는 일화도 유명하다. 근무를 마친 후에 노동자가 과음을 하지 않았는지 등을 탐정에게 감시하도록 한 것이다. 아마도 생산력을 높이기 위해서 행실에 문제가 있는(즉 규율을 어길 듯한) 노동자를 배제하려는 의도였던 듯하다.

포드 사는 포디즘과 함께 테일러주의도 도입했다. 테일러주의는 공학자인 프레더릭 테일러Frederick Taylor가 제창한 "과학적 작업 관리법"을 통해서 공장 노동자의 신체 동작을 과학적으로 관리해야 한다는 생각이다. 공장에서 작동하는 기계의 움직임에 노동자의 작업을 일체화해야 한다는 것이다. 테일러는 신체 동작을 과학적으로 관리하면 노동자는 분명 고통스럽겠지만 그에는 합당한 보답이 따를 것이라고 주장했다. 그 보답이란 바로 고임금인데, 이것을 마르크스의 말로 바꿔보면

"생산성 향상으로 상대적 잉여 가치가 증대하고 그 일부가 노동자에게도 분배된다"라고 할 수 있다. 그러나 이미 말했다시피 이 잉여 가치의 분배는 안정적이지 않다. "특별 잉여 가치"의 개념이 시사하듯이, 이 잉여 가치는 일시적이므로 사회 전체의 생산력이 높아지자마자 사라진다. 따라서 임금노동자는 끊임없는 생산성 향상 경쟁에 내몰리고 그 결과 자본에 점점 더 깊이 포섭될 것이다.

포디즘을 통해서 노동자가 상대적 잉여 가치의 생산에 관여하게 된다는 논리를 획기적으로 실천한 사례가 있다. 세계적으로 유명해져 종종 "도요티즘"이라고도 불리는 도요타 자동차의 "카이젠改善"이다. "카이젠"은 경영자나 관리직뿐만 아니라 말단 노동자까지도 작업 생산성을 높일 방법을 끊임없이 궁리하고 그 방법을 적극적으로 제안하는 방식을 가리킨다. 이런 노동자들은 상대적 잉여 가치의 획득 운동에 수동적으로 내몰리지 않고 주체적으로 참여하게 된다.

공장 밖까지 미치는 포섭

포디즘 시대에는 노동에 대한 자본의 실질적 포섭이 두 가지 단계로 진행되었다. 노동자가 생산 과정에서 상대적 잉여 가치의 생산에 저항하지 않게 되고, 나아가 적극적으로 참여하게 되는 것이 그 첫 번째 단계이다. 실제로 노동 운동의 주목적이 "생산성 향상에 대한 저항"에서 "임금 인상"으로 바뀌었다는 사실이 그동안의 변화를 말해준다.

그리고 두 번째 단계에서는 포섭의 범위가 공장 밖으로 확대된다. 19세기의 자본가는 공장 일을 끝내고 퇴근한 노동자에게 아무것도 기대할 수 없었다. 아무런 보답도 해줄 수 없었기 때문이다. 한편 포디즘 시대의 자본가는 퇴근한 노동자가 다음 날 아침에도 건강한 상태로 공장에 출근하기를 기대했다. 노동자를 착취하며 쓰다가 버렸을 때보다 노동자가 심신이 건강한 상태로 규율을 지키며 일하도록 만들었을 때 잉여 가치가 더 많이 생산된다는 사실을 깨달은 것이다.

한편 공장에서 퇴근한 노동자 역시 좋은 소비자 역할을 다할 것이라는 기대를 받게 되었다.

포디즘 시대가 소비 사회를 초래한 것은 당연한 일이었다. 그러나 자본가가 높은 임금을 지급해도 노동자가 그 돈을 상품을 구매하는 데에 쓰지 않는다면 가치가 실현되지 않아서 자본의 축적이 중단된다. 포디즘 시대에 대중화된 몇몇 가전제품은, 있다가 없으면 살 수 없을 만큼 편의성이 높았다. 그러나 그 편리한 물건을 모든 사람이 사버리면 교체 수요밖에 남지 않는다. 수요 부족이 발생하는 것이다. 따라서 앞에서 지적했듯이 자본은 노동자의 소비를 부추길 계획을 세웠다. 그 결과 욕망의 대상이 물건에서 의미로 바뀌었고, 사람들은 영원히 채워지지 않는 욕망에 시달리게 되었다.

다시 말해서 자본은 그 가치를 증식하기 위해서 사람의 욕망을 실질적으로 포섭한다. 이제 노동자들은 돈을 더 벌어서 채워지지 않는 욕망을 채우려고 상대적 잉여 가치의 생산에 점점 더 적극적으로 참여하게 될 것이다.

그러고 보면 포디즘은 노동자에게는 독이 든 사과와 같았다. 19세기의 노동자는 가난하기는 해도 사축社畜("회사에 길들여진 가축"이라는 뜻으로, 회사가 시키면 어떤 힘든 일이든 불평불만 없이 하는 회사원을 비꼬아 이르는 말/역주)은 아니었는데, 포디즘 시대의 노동자는 물질적으로 풍요로워진 대신에 생산 과정에서나 재생산(소비) 과정에서나 자본의 논리를 스스로 내면화하게 되었다. 노동자는 이처럼 자본의 이익과 자기 이익을 동일시하면서 잉여 노동과 자신을 위한 노동을 구별하지 못하게 되었고, 결국 모든 노동을 자신을 위한 노동으로 믿는 자본주의 특유의 착각에 깊이 빠지게 되었다.

"가장 훌륭한 노동자"의 탄생
| 신자유주의 단계의 포섭

포디즘을 거치며 노동자가 자본에 깊이 포섭된 폐해는 포디즘 시대가 끝나고 신자유주의 시대가 시작된 후에야 겉으로 드러나기 시작했다. 서구 선진국에서는 1970년대에 포디즘이 한계를 맞았다. 경제 성장이 둔화되고 케인스주의 정책도 효과를 발휘하지 못하다가 스태그플레이션stagflation이 시작된 것이다.

이때 영국의 대처 정권, 미국의 레이건 행정부가 신자유주의 사상을 전면에 내세웠다. 이들은 규제 완화, 작은 정부, 민영화 등의 정책으로 이 사상을 구현했으며, 자기 책임론과 시장 원리주의로 이 사상을 뒷받침했다. 하지만 종종 지적되는 것처럼, 신자유주의가 낳은 것은 중산층 붕괴에 따른 계급 사회의 재출현, 그리고 그에 따른 사회 불안의 급증뿐이었다. 신자유주의가 약속한 강력한 경제 부활은 영영 실현되지 않았다.

신자유주의가 대두한 지 벌써 40년 이상이 지난 지금, 이 사상에 대한 비판이 이렇게나 거세졌는데도 조직적 저항은 너무나도 미약하다. 유럽이나 남아메리카 등지에서 반反신자유주의를 표방한 정권이 집권할 때도 있지만, 이 사상을 타도하기에는 힘이 한참 부족해 보인다.

자본 자체의 권력 의지, 국가권력(특히 대국의 경우)과 자본의 유착 등 이유는 다양하겠지만, 일본에서는 사람들의 저항 의지 자체가 약해졌다는 생각이 든다. 명확한 숫자를 들어 설명해보자. 종전 이후 일본의 노동 쟁의(파업, 직장 폐쇄 등)에 관한 통계를 보면 절정기였던 1974년에는 노동 쟁의 발생 건수가 5,000건 이상, 참여 인원이 350만 명 이상이었던 데 비해 1980년대 이후에는 발생 건수가 1,000건 이하로 줄어들었다. 이 숫자는 이후에도 계속 감소하는 추세여서 2021년에는 발생 건수 55건, 참여 인원은 1만 명 이하를 기록했다. 대다수의 일본인이 노동자 파업을 불편만 초래하는 번거로운 행위로 생각하게 된 지도 이미 오래이다.

왜 이렇게 되었을까? 역시 "자본의 힘"이 이런 상황을 초래하지는 않았을까? 만약 그렇다면 이미 신자유주의 시대의 자본 포섭이 다음 단계로 접어들었다는 뜻이다.

포디즘 시대는 끝났으므로 이제 노동자는 자본에 협력해도 보답을 받지 못한다. 그런데도 노동자들은 자본 논리를 내면화하고 있다. 실제로는 자본에 봉사하고 있으면서, 자신이 자유롭고 진보적으로 살고 있다고 착각하는 경향이 만연하다. 인간의 정신마저 포섭되어버린 것이다.

이 포섭은 구체적으로 어떤 형태로 표출될까? 2022년 3월에 지바 현 지방 법원에서 판결한(회사 측은 항소할 예정) 도쿄 디즈니랜드(오리엔탈랜드 사)의 사내 갑질 사건을 예로 들 수 있다. 이 사건의 원고는 상사가 산업 재해 보상 신청을 반대했을 뿐만 아니라 동료들도 "서른 넘은 아줌마는 필요 없으니까 그만둬", "병 걸렸어? 그러면 죽어"라는 막말을 퍼부었다고 증언했다. 산업 재해 사건을 회사가 은폐하려 드는 사태가 자신에게도 일어날 수 있다고는 아무도 생각하지 않은 모양이다. 심지어 그들은 회사에 저항하는 사람들을 인간으로서 마땅히 받아야 할 동정조차 받지 못하는 배제 대상으로 만들어버렸다. 자본 측에서 보면 아마 이 "동료들"이야말로 "가장 훌륭한 노동자"일 것이다.

마르크스–엥겔스가 남긴 "만국의 프롤레타리아여,

단결하라!"라는 명령은 어떤 의미에서 실현 불가능한 것이었다. 노동력이라는 상품을 소유한 노동자는 오로지 자기 상품을 유리한 조건으로 파는 데에만 관심을 기울이기 때문이다. 자본주의 사회에서는 노동자들도 자기 노동력 상품을 더 유리한 조건으로 팔기 위해서 서로 경쟁해야 한다. 그래서 다른 모든 속성을 잃고 오직 노동력 상품밖에 남지 않게 된 인간들은 주저 없이 같은 처지에 있는 타인을 따돌리거나 희생시켜 자기 이익을 늘리려고 한다.

이처럼 자본에 적극적으로 예속되어야만 자신한테 이익이 생긴다고 인식하는 사람이 자본 측에는 "가장 훌륭한 노동자"이다. 자본의 논리가 존재하는 한 노동자의 단결은 어떤 의미에서 불가능하다. 물론 지금까지 이 논리가 완벽하게 관철된 적은 없었다. 임금노동자가 "순수한 노동력 상품의 소유자"가 되지 못했기 때문이다. 그러나 포섭이 다음 단계로 접어든 것을 보면 이 논리가 완벽하게 관철될 날도 머지않은 듯하다.

"협동"과 "공감"도 상품이 되었다
| 수동성의 결말

오리엔탈랜드 사의 갑질 사건은 소위 "열정 페이"로 불리는 고용 형태에서 기인한 문제이다. 특히 서비스업이나 엔터테인먼트 업계에서는 "동경의 대상 ○○", "꿈의 ○○"라는 이름으로 저임금과 불안정 고용을 강요하는 행태가 일반화되어 있다. 신자유주의 시대에 19세기적 축적 양식으로 회귀한 자본은 이처럼 "보람"을 선전하면서 노동자에게 저임금을 강요한다.

이런 노동 형태를 강요하는 풍조는 일종의 도착 증세까지 일으킬 수 있다. 2014년 1월 14일에 방영된 「NHK 클로즈업 현대」가 "이자카야 고시엔"이라는 행사의 기이한 상황을 폭로하여 많은 시청자들에게 충격을 안겼다. "외식 산업의 활성화"를 목표로 내건 이 행사는 5,000명이 넘는 전국 이자카야 점원들이 다른 이자카야 점원들 앞에 서서 이자카야에 대한 꿈과 희망이 담긴 말을 다음과 같이 절절하게 외치는 방식으로 진행되었다.

꿈은 혼자 꾸는 것이 아니라 다 함께 꾸는 것이다! 사람은 꿈을 꾸기 때문에 뜨겁게, 뜨겁게 살아갈 수 있다!

카메라는 참가자의 동료와 방청객이 "감동", "웃음", "동료애", "감사" 등의 단어가 들어간 구호를 듣고 울거나 웃으면서 공감하는 모습을 비추었다. 하지만 프로그램이 소개한 바에 따르면 이 이자카야 노동자들은 "하루 16시간 근로에 연봉 250만 엔(약 2,300만 원)"이라는 열악한 조건으로 일하고 있었다. 이것은 "임금의 생존비설"마저 밑도는 수준이었다.

이 프로그램이 해당 행사를 "아름답고 모호한 말로 추한 현실을 얼버무리려는 시도"라고 명확히 비판했기 때문에, 행사 주최자는 방송 후 NHK에 항의했다. 그러나 인터넷상에서는 "전형적인 악덕 고용주", "괴상한 광경"이라는 의견이 주를 이루었다.

나 역시 화면 속 괴상한 광경을 보고 충격을 받았다. 그 괴상한 느낌의 정체는 무엇이었을까? 물론 그 방송에서 사회학자 아베 마사히로阿部真大가 지적했듯이, 그들의 노동 상황을 생각하면 그렇게라도 자신을 설득해야만 그 일을 해낼 수 있었을 것이다. 따라서 이자카야 고시엔을 비난하려다가 저임금을 감수하고 열심히 일하는 사람들의 꿈을 빼앗는 일이 생길 수도 있다.

그럼에도 그 광경이 괴상하다는 사실은 변하지 않는다. 그 광경에서는 "당사자가 감동하고 만족한다면 그것으로 충분하지 않은가"라며 내버려둘 수 없을 만큼 심각한 문제성이 느껴졌다. 이자카야 고시엔에서 "동료"를 강조하는 것과 오리엔탈랜드 사의 사건에서 "동료" 관계가 성립되지 않았던 것은 얼핏 대조적으로 보일 수 있지만, 둘 다 포섭이 고도화된 끝에 나타난 현상이기 때문에, 그 뿌리가 같다.

이자카야 고시엔의 모습이 괴상하게 느껴진 것은 본래 노동자들 사이에서 자연스럽게 생겨나야 할 연대감을 자본이 부여하고 있었기 때문이다. 우리는 분명, 타인(동료나 고객)과 협동하고 공감하면서 일하기를 좋아한다. 그런 감각을 잃어버리면 노동의 고통이 한없이 커진다. 그러나 실질적 포섭이 고도화된 이 시대에 단순한 "노동력 상품의 소유자"로 전락한 우리 현대인에게는 협동하고 공감할 능력이 없다. 그러므로 이제는 그런 감각을 "구매하는" 수밖에 없는 것이다. 이자카야에서 일하며 느낄 수 있는 "감동", "웃음", "동료애", "감사" 등의 정동이 저임금을 보충하는 역할을 한다(보람 착취). 나아가 이 정동을 폭발적으로 표출할 기회를 자본 측이 마련한다면(이자카야 고시엔) 이 정동까지도 자본이 제공하는 상품이 되는 셈이다. 노동자 사이에서 자연스럽게 생겨나지 않은 "협동", "공감", "연대", "단결"을, 자본이 노동자에게 판매하고 그 "정동"이라는 상품의 대금을 노동자의 임금에서 공제한다. 저임금은 어떤 의미에서 그 결과라고 할 수 있다.

앞에서 말했듯이, 포디즘 시대에 실질적 포섭이 진행되는 과정은 소비 사회가 성립되는 과정이기도 했다. 소비 사회는 인간을 수동적으로 만든다. 모든 것이 상품으로 주어지는 사회에서는 "인간 = 소비자 = 고객"이라는 등식이 항상 성립하기 때문이다. 소비자처럼 행동하지 말아야 하는 장면에서도 자꾸 소비자처럼 행동하게 되는 사회가 바로 소비 사회이다. 예를 들면 "마음에 드는 후보가 없다며 투표소에 가지 않는 것은 쇼핑하러 나갔는데 마음에 드는 물건이 없어서 아무것도 사지 않고 돌아오는 것과 같다"라는 등의 어리석은 생각이 자꾸 드는 것도 소비 사회 특유의 현상이다.

본래 감동, 웃음, 동료애, 감사, 협동, 공감, 연대, 단결 등은 우리가 스스로 만들어야 하는 정동이다. 일의 보람도 직접 찾아야 한다. 그러나 포섭이 고도화되고 소비 사회 특유의 수동성이 극대화되는 순간, 인간은 "단순한 노동력 상품의 소유자"가 되고, 우리가 잃어버린 필수적인 정동도 자본이 제공하는 상품으로 변한다. 이런 괴상한 상황이 이자카야 고시엔에서 드러난 것이다.

"자본의 타자성"이 초래한 폐쇄성

지금까지 마르크스의 "형식적 포섭", "실질적 포섭"이라는 개념을 훑어보고 포디즘 시대를 살펴보았다. 그리고 포디즘 시대가 끝난 현대에는 어떤 일이 일어나고 있는지 검증했다. 우리의 정동과 감정까지 상품화된 지금, 아직 포섭되지 않은 것, 다시 말해서 저항의 거점으로 쓸 만한 것이 남아 있기는 할까? 이제 거의 아무것도 남지 않았다는 느낌이 현대의 폐쇄성을 초래한다.

그런 폐쇄성을 느끼는 와중에 우리는 새삼 "자본의 타자성"을 인식하게 된다. "자본의 타자성"은 포디즘이 선진 자본주의 국가의 노동자에게 다양한 혜택을 제공한 이후 잠시 사라졌지만, 이내 신자유주의를 등에 업고 맹렬히 회귀했다.

이 책에서 이에 대한 대항책을 제안하지는 않을 것이다. 그래도 최소한 "자본의 간계를 간파하는 데 마르크스의 자본주의 분석만큼 강력한 것은 없다"라고 단언할 수는 있다. 우리는 여전히 마르크스의 분석에 주목할 필요가 있다. 마르크스의 이론에는 지금도 거듭하여 참조할 만한 가치가 있기 때문이다. 독자 여러분도 이 생각에 동의하게 되었다면, 이 책의 목적은 충분히 이루어진 셈이다.

나가는 글

"블랙 아르바이트", 즉 부조리한 노동을 강요하는 아르바이트 일자리가 대학생들 사이에서 큰 문제가 되고 있다는 이야기를 처음 들었을 때, 나는 잠시 어리둥절해졌다. "부조리한 노동 강요"란 연장 근무를 강요하거나 시험 날이라서 미리 근무를 조정했는데도 일손이 달린다면서 억지로 출근시켜 시험을 보지 못하게 하는 행태를 의미한다고 했다.

내가 어리둥절했던 것은 "일을 때려치우면 그만 아닌가?"라고 생각했기 때문이다. 요즘 학생들의 경제 상황이 힘들다고는 하지만 기껏해야 시급 1만 원짜리 일을 하느라 시험을 치르지 못하고 유급한다니, 도저히 이해할 수가 없었다(유급이 휴학, 퇴학으로 이어질 수도 있는데 말이다). 왜 아르바이트를 그만두지 않을까? 퇴직을 통보하기가 불편하다면 하다못해 무단결근을 하거나 도망치는 방법도 있지 않은가?

그러나 일하면서 몇 년 동안 학생들을 만나면서 그들에게는 아무래도 "도망친다"라는 발상 자체가 없는 듯하다는 것을 차차 알게 되었다. 그래서 곰곰이 생각해 보았다. 에도 시대의 백성들도 학정을 견디지 못해서 뿔뿔이 흩어져 도망쳤다. 인간의 자유가 전혀 인정되지 않았던 봉건 사회에서도 사람들은 도망칠 자유를 당연시했다. 그런데 근대, 현대는 대체 어떤 시대이기에 이런 일이 생기는 것일까? 사람들은 얼마 전까지도 세상의 구조를 근본적으로 뒤집는 혁명을 진지하게 이야기했다. 그런데 요즘 사람들은 도망도 못 치게 되어버린 것이다.

상황이 이렇다 보니 현대인을 의지나 상상력의 수준에서 억압하고 좀먹는 강력한 메커니즘이 있다고 생각할 수밖에 없다. 그래서 마르크스의 책을 펼쳤더니 "포섭"이라는 개념이 갑자기 도드라져 보이기 시작했다.

이 책에서 말한 것처럼 자본은 인간의 영혼을 포섭하는 정도로 만족하지 않는다. 이 책의 부제가 시사하듯이, 자본이 포섭하는 대상은 "생生"의 총체이다. 다시 말해서 자본은 인간뿐만 아니라 살아 있거나 살아 있었던 모든 존재(화석 연료 등도 "과거에 살았던 존재"이다)와 자연 생태계까지 전부 포섭하려고 한다. 기후 변화를 비롯한 소위 "지구적 생태 위기"도 이 "포섭"이 초래한 것이 분명하다.

자연과학의 최근 동향에서도 포섭의 영향을 엿볼 수 있다. 실제로 요즘 들어 생물학이 의학에 포섭되고 있다. 생물학은 원래 생명 현상에 대한 호기심에서 시작된 학문이지만 이제는 의료에 응용될 만한, 따라서 큰 비즈니스를 형성할 만한 연구에만 자금이 쏠리고 있어서 생물학자들의 연구 동기도 달라졌다고 한다. 응용 가능성이 있는 자신의 전문 분야에만 흥미를 느끼고, 생명 현상 자체에는 관심이 없는 생물학자도 많아졌다는 것이다. 다시 말해 자본이 과학(과학자 포함)까지 포섭하는 중이다. 잘 알려진 STAP 세포 논문 날조 사건(평범한 세포를 약산성 용액에 잠깐 담그면 어떤 세포로도 변할 수 있는 "만능 세포"가 된다는 연구 논문으로 세계적인 화제를 불러일으켰다가 결국은 논문 조작으로 판명된 사건/역주)에서 우리도 그 괴상함을 충분히 목격했다.

이외에도 어떤 차원에서 포섭이 진행되는지 주의 깊게 검증할 필요가 있다. 그러나 이런 현상은 마르크스가 해명한 "자본의 타자성"에 비하면 별로 놀랍지도 않다. 철학자 스피노자가 "웃지 마라, 울지 마라, 그저 이해하라"라고 말했다는데, 마르크스도 무한히 먼 공산주의 혁명이라는 지점에서 그저 자본을 관찰하고 이해하려고 했다. 그 덕분에 우리는 마르크스의 글을 통해서 자본주의의 발전, 자본주의의 세계화, 자본주의의 실질적 포섭이 무자비하게 심화될 수밖에 없다는 사실을 알게 되었다.

그러나 마르크스는 "그저 이해하려고" 하면서도 "웃지 마라, 울지 마라"라는 가르침은 거부했다. 실제로

『자본론』의 행간에는 마르크스의 웃음과 눈물이 넘친다. 무한한 포섭이 이어지는 와중에도 우리가 포기하면 안 되는 것이 바로 이런 정신이 아닐까? 우리는 포섭의 심화가 초래할 황당한 사건을 웃어넘기고 그 부조리에 분노하며 그 비참함에 눈물지어야 한다. 생태 문제를 논할 때 "지구가 울고 있다"라는 표현이 자주 쓰이는데, 우리 인간도 말 그대로 생태계의 일부이므로 우리의 영혼을 가두고 목 조르고 죽이려고 드는 위기 앞에서 울고 소리치고 분노로 날뛰어도 이상하지 않다. 아니, 오히려 마르크스와 함께 그렇게 해야만 한다. 자기 자신을 해방하려고 준비하는 독자에게 이 책이 도움이 되기를 바란다.

이 책을 출간하면서 고단샤 현대 신서 편집부의 쇼자와 준, 강창수에게 신세를 졌다. 도와주셔서 진심으로 감사드린다.

교토 기누가사에서

시라이 사토시

더 읽어볼 만한 책

마르크스 입문서 및 개괄서는 그 종류와 수가 방대하다. 그래도 『자본론』 입문서 중 읽기 쉬운 것을 고르라면 시라이 사토시의 『삶의 무기가 되는 자본론』을 어느 정도 자신 있게 추천할 수 있다. 이 책에서 말한 "포섭"이라는 주제와도 관련이 깊은 책이다. 또 이 책에서 간략하게 언급한 "노동자 계급 단결의 어려움"이라는 주제는 레닌을 소재로 한 『미완의 레닌未完のレーニン』에서 자세히 다루었다. 함께 읽으면 이해를 심화할 수 있을 것이다.

이 책에서도 그 난해함을 지적한 "가치 형태론"의 해

석에 관해서는 우노 고조宇野弘蔵의『경제 원론経済原論』을 추천한다. 우노는 지금까지도 일본의 마르크스 연구자들 중 가장 중요한 인물로 손꼽힌다. 우노가 해석한 마르크스 사상의 핵심을 담은『자본론의 경제학資本論の経済学』은 우노 고조가 직접 쓴 우노 경제학 입문서라고 할 수 있다.

그 우노가 마르크스 이론의 핵심으로 주장한 것이 "노동력 상품화의 무리함"이었다. 그리고 이 책에서도 강조한 "노동력의 상품화" 문제가 그 "무리함" 때문에 전체주의 시대를 초래했다고 고찰한 책이 헝가리의 경제사상가 칼 폴라니Karl Polanyi의『거대한 전환The Great Transformation』이다. 이 책에서 소개하는 이론은 세계화 이후의 시대까지 포괄한다.

또한 노동력이 상품화된 결과, 근대 사회의 구조적 차원에서 맡게 된 특별한 역할을『자본론』에 준하여 면밀하게 탐구한 책이 있다. 캐나다 출신으로 시카고 대학교 교수를 역임한 모이셰 포스톤Moishe Postone의『시간, 노동, 지배Time, Labor, and Social Domination』이다. 이 책은 거의 연구서지만 얻을 것이 많다.

20세기 후반 이후의 자본주의 사회를 분석할 때 마르크스를 어떻게 참조하면 좋을지 고민되는 사람에게 꼭 추천하고 싶은 도서가 이 책에서도 언급한 장 보드리야르의 "소비 사회론"과 그의 주요 저서『소비의 사회*La Société de Consommation*』이다. 포디즘 이후의 시대와 신자유주의를 마르크스의 관점으로 분석한 책도 꾸준히 출간되고 있다. 그 대표로 안토니오 네그리Antonio Negri와 마이클 하트Michael Hardt의 공저인『제국*Empire*』과 두 사람의 일련의 작업을 꼽을 수 있다.

요즘 들어서 "마르크스가 어떻게 해석되어왔느냐" 하는 역사, 학설사, 이론사보다 오히려 정신사에 관한 관심이 너무 많이 식은 듯하다. 당시의 해석이 부정확하다거나 조악하다면서 비판하기는 쉽다. 그러나 어떤 정신이 마르크스의 가르침을 받아들이고 시대와 대치했는지를 이해하면, 오늘날 마르크스를 읽는 법에 관한 귀중한 교훈을 얻을 수 있다. 그런 관점에서 가와카미 하지메河上肇의『가난 이야기貧乏物語』, 아라하타 간손

荒畑寒村의『간손 자전寒村自伝』, 이시도 기요토모石堂清倫 의『우리 이단의 쇼와 사ゎが異端の昭和史』같은 명저들이 더 많이 읽혀야 한다고 생각한다.